9
8
7
5
1
6
2
3
4

Vorangehende Seiten
Königin Elisabeth I. und ihr Hof:
1. Königin Elisabeth, 2. Wappenherold, 3. Oberhofzeremonienmeister, 4. Lord-Siegelbewahrer, 5. Schwertträger und Champion der Königin, 6. Pagen der Königin, 7. Ritter des Hosenband-Ordens in voller Zeremonialkleidung, 8. Lord-Kanzler, 9. Befehlshaber der Leibwache der Königin, 10. Erste Hofdame der Königin, 11. Hofdamen, 12. Ritter des Hosenband-Ordens in einfacher Hoftracht, 13. Höflinge

Elisa zu Freudenberg · Elisabeth I. Königin von England

Elisa zu Freudenberg

ELISABETH I.
KÖNIGIN VON ENGLAND

Herrin der sieben Weltmeere

C. Bertelsmann Verlag

Bildnachweis

Die Fotos stellten freundlicherweise zur Verfügung:
Bildarchiv Preußischer Kulturbesitz, Berlin (15); National Gallery of Ireland, Dublin (119); British Museum, London (116); National Portrait Gallery, London (16, 17, 30, 36, 47, 48, 51, 57, 67, 79, 128); St. James Palace – Crown-copyright, London (31); National Maritime Museum, London-Greenwich (70, 80, 108/109, 115); Heinz Borgs, München (110); Bibliothèque Nationale, Paris (99); Mr. Simon Wingfield Digby, Sherborn Castle (59); Pinacoteca, Siena (134); National Gallery of Art, Washington, D.C. (35).

Alle Zeichnungen: Wolfram zu Mondfeld

Die Vorlagen für die Zeichnungen entstammen, wenn nicht aus den oben genannten Museen und Archiven, aus folgenden Quellen:
Corpus Christi College, Cambridge; Royal Scottish Museum, Edinburgh; Scottish National Portrait Gallery, Edinburgh; Tower of London, London; Museo el Escorial, Madrid; The Metropolitan Museum of Art, New York; Ashmolean Museum, Oxford; Bibliothèque de l'Arsenal, Paris; Archiv der Österreichischen Nationalbibliothek, Wien.
Das Portrait Seite 110 gestaltete Heinz Borgs nach einem Gemälde des Museo Naval in Madrid.

Gesamtherstellung Mohndruck Reinhard Mohn GmbH, Gütersloh
ISBN 3-570-06442-5 · Printed in Germany

Inhalt

Elisabeth I.

»Lang lebe die Königin!«

Die höchsten Würdenträger Englands heben ihre Gläser – die Ritter des Bath-Ordens, die Peers von England in ihren purpurnen Staatsroben und Kronhüten, die Ritter des Hosenband-Ordens in ihren blauen Samtmänteln mit den schweren Ordensketten, der Kronanwalt und die Richter in ihren scharlachroten Roben, die Wappenkönige von Norry und Clarenceux, der Oberzeremonienmeister Herzog von Norfolk und der Günstling der Königin Robert Dudley, Graf Leicester.

Strahlender Mittelpunkt ist die neu gekrönte Königin: Elisabeth I. Tudor, die schwere Krone auf den rotblonden Locken, im Krönungsmantel aus Purpursamt, bestickt mit den Tudorrosen und der langen, hermelingefütterten Schleppe.

Das festliche Krönungsbankett ist in vollem Gang.

Fanfaren schmettern.

Die mächtigen Flügeltüren des Saales werden aufgerissen.

Die Hufeisen des stämmigen Schlachtrosses klappern auf den Steinfliesen des Bankettsaals von Westminster Hall, als der Champion der Königin, ihr Schwertführer und Kämpfer, in den Saal reitet. Über der schweren Rüstung trägt er den mit Hermelin gefütterten Wappenrock; auch die bodenlange Schabracke des Pferdes zeigt die Wappenfarben: goldgestickte Löwen auf rotem Grund und goldene Lilien auf blauem Feld.

Mitten im Saal hält der Reiter an.

Der erste Wappenherold tritt an seine Seite: »Wer Ihrer Majestät, Elisabeth, von Gottes Gnaden Königin von England und Irland, Thron und Krone streitig machen möchte, der trete vor, um sich im ritterlichen Zweikampf mit dem Champion der Königin, Sir Edward Dymoke, zu messen!«

Der stahlgepanzerte Reiter streift den wappengeschmückten Handschuh von der rechten Hand, wirft ihn auf den Boden. Wer den Fehdehandschuh aufhebt, fordert ihn heraus zum Zweikampf um Thron und Krone seiner jungen Königin.

Es ist totenstill im Saal. Keiner rührt sich.

Dann endlich bricht lauter Jubel los. Niemand hat versucht, der jungen Königin Thron und Krone streitig zu machen!

Die Großen Englands heben erneut ihre Gläser:

»Lang lebe die Königin! Lang lebe Elisabeth I.«

Man schreibt den 15. Januar 1559.

Der Champion der Königin

Blaubart auf Englands Thron

»Der Bär, der zu dem Pfahl geschleift wurde, sah aus wie ein schwarzer, zerlumpter Bösewicht, der schon einmal verdammt war und nun erneut dem höllischen Schurken ausgeliefert wurde und den die Hunde quälten. Schließlich wurde ein blinder Bär an den Pfahl gebunden, und anstatt ihn mit Hunden zu reizen, machten Kreaturen, welche die Gestalt von Menschen und die Gesichter von Christen hatten – Kohlenbrenner, Kutscher und Wasserträger – die Stelle der Büttel und peitschten Meister Petz, bis ihm das Blut von seinen alten Schultern rann.« So schildert Thomas Dekker, ein Zeitgenosse Elisabeths, die rauhen Sitten jener Tage.

Die beiden Rivalinnen

Das Volk amüsierte sich köstlich über das blutende Tier und nicht weniger über die Zerschundenen, die auf einem Bein davonhumpelten. Die Brutalität dieser Bärenhatz war typisch für das London, das England jener Tage, das alles andere als ein »merry old England« war. Tatsächlich gehörte das Gegröl vom Bärengarten ebenso in die Marktszene Londons wie die reiche Ernte der Äpfel, Birnen, Pflaumen und Kornel-Kirschen.

Manchmal schien es, als regiere nicht König Heinrich, sondern Puffering Dick, der Bettlerkönig, dem ebensoviel Kühnheit und Mut nachgesagt wurden. Auch er verfügte über eine Armee, wenn es auch nur ein Heer von Halunken und Bettlern war, das die Vorstädte unsicher machte. Und man flüsterte sich zu, daß zur Bettlerbrüderschaft mittlerweile 88 000 Kumpane gehörten, und das war nur die registrierte Zahl; sie lag höher als die Einwohnerzahl von London samt Umgebung!

»Wie glücklich«, schrieb Thomas Dekker an anderer Stelle, »wären die Städte, wenn sie keine Vororte hätten, da sie nur den Ungeheuern als Höhlen dienen, die die Städte selbst verschlingen. Will der Teufel einen Buben mieten, um Blut zu vergießen – dort hat er die Auswahl. Einen

Kuppler, der eine Verdammte bei ihren Gebeten verführt – dort ist er. Einen Betrüger, der seinen Vater an den Bettelstab bringt – auch ihn findet man dort. Eine Dirne, die ihr neugeborenes Kind umbringt – dort wohnt sie.«

In diesen Elendsvierteln wüteten Hunger und Seuchen, vor allem die Pest und die neue Krankheit des »Mounseer Dry-Bone«, wie man die Syphilis nannte. »Wenn solch eine Pest entsteht«, philosophiert ein Bettler in einem englischen Drama, »ist das kein großes Unglück. Uns Bettlern gilt der Balg nichts, wir spotten seiner. Wenn einer tot ist, nehmen wir seine alten Sachen: Mantel, Jacke, Hose, Kappe, Gürtel und Schuhe, von denen er sich zu Lebzeiten nicht trennen wollte. Das ist unser Glück, Gott lege mir eine Leiche in den Weg ...«

Diese gnadenlosen Gesetze hatte indirekt der »gute König« Heinrich VIII. heraufbeschworen. Die Auflösung der Klöster hatte zwar das Staatssäckel prall gefüllt, aber auch Armut und Obdachlosigkeit über Tausende gebracht.

Wo war der gute Geist des Königs geblieben, von dem ein französischer Gesandter geschwärmt hatte: »In dem VIII. Heinrich hat Gott solch körperliche und geistige Schönheit vereint, daß es nicht nur jedermann erstaunt, sondern geradezu verblüfft. Sein Gesicht ist eher engelsgleich als schön.«

Gesandte müssen gute Diplomaten sein ... Wenn man das Gemälde von Hans Holbein genauer betrachtet, tut man sich schwer mit dieser engelsgleichen Schönheit. Das ist ein schwerfälliger, aufgeschwemmter Klotz von einem Monarchen in prächtigem Renaissancekostüm, dem man seine sechs Frauen gar nicht zutraut. Anders in seiner Jugend, bevor ihn die »neue Krankheit« heimgesucht hatte und er »den Bogen mit größerer Kraft spannte als irgendein Mann in Europa«.

Das war nun vorbei, und schuld war die Geliebte des Königs, die lebenslustige und attraktive Anne Boleyn. Der König war sogar bereit, sich wegen diesem »Hurenstück« von seiner rechtmäßigen Gattin Katharina von Aragon scheiden zu lassen. Die »Ausbildung« am französischen Hof war die beste Mitgift, die der Boleyn-Clan Anne hatte mitgeben können: Unter ihren Händen wurde der König so weich wie Wachs. Kein Wunder, hatte er doch Jahrzehnte an der Seite einer bigotten, strengen und steifen Frau zugebracht, die ihn längst grausam langweilte. Die Ehe war für kö-

Der prachtliebende Heinrich VIII. Tudor, König von England und Irland (geb. 1491), Elisabeths Vater. Sein Volk nannte ihn »Great Harry« und den »Goldenen Riesen«.

nigliche Verhältnisse nicht einmal schlecht, aber abgesehen von dem vergebens ersehnten männlichen Thronerben fehlte ihr der Reiz. Anne Boleyn kam genau im richtigen Moment.

Die Londoner Bürgermeisterstochter machte Heinrich so verrückt, daß der König nur noch eines im Sinn hatte: sie so schnell wie möglich zu heiraten!

Aber so einfach ging das nicht, denn Heinrich war katholisch, und seine Gemahlin Katharina lebte ja noch. Doch je mehr Steine dem verliebten

Königin Katharina von Aragon, die erste Gemahlin Heinrichs VIII. (geb. 1485). Nach 20jähriger Ehe war die überzeugte Katholikin nicht bereit, in eine Ehescheidung einzuwilligen.

König in den Weg gelegt wurden, desto mehr feuerte es ihn an, seinen Dickschädel durchzusetzen. Jetzt wollte er Anne Boleyn erst recht heiraten! Der Preis war hoch, es kostete ihn seinen Seelenfrieden.

Der Papst konnte und wollte nicht ja sagen zu dieser Ehe. Einmal wegen der kirchenpolitischen Folgen, zum anderen wegen Karl V., dem König von Deutschland und Spanien und Kaiser des Heiligen Römischen Reiches Deutscher Nation. »Von allen drei großen Herrschern in Europa war Karl der mächtigste, denn er regierte Kastilien und Aragon, die Niederlande, Neapel, Burgund und Österreich. Er verfügte über das beste Heer in Spanien, über die Wissenschaften Italiens, die Landsknechte Deutschlands; die Reichtümer Indiens (das neu entdeckte Amerika) ergossen sich zu seinen Füßen.« Außerdem war Kaiser Karl auch noch der direkte Neffe von Königin Katharina!

Es war nicht gut, sich mit einem so gewaltigen Fürsten anzulegen. Darauf baute auch Katharina von Aragon, die Tochter Isabellas von Kastilien und Ferdinands von Aragon – ihr »blaues Blut« hatte es einst König Heinrich so angetan. Wer waren dagegen die Tudors, seine eigene Familie, die erst in der zweiten Generation auf dem Thron saß? Aber all diese Dinge hatte Heinrich vergessen.

Auch der ehrgeizigen Anne Boleyn ging das Scheidungsverfahren zu langsam; fast sechs Jahre hatte sie nun schon gewartet, und es war kein Ende abzusehen.

Doch wenn auch der Segen des Papstes fehlte, man konnte es ja einmal bei den weltlichen Fürsten probieren. Also lud sich Heinrich VIII., nachdem er Anne Boleyn zur Marquess von Pembroke ernannt hatte, mit seiner Geliebten bei Franz I. ein. Der schlaue französische König wußte warum. Aber da er den englischen Bündnispartner gegen den mächtigen Kaiser Karl V. brauchte und seine Staatsschulden bei Heinrich astronomisch hoch waren, konnte er es sich nicht leisten, ihn zu brüskieren.

Die Frankreichvisite wurde zu einem rauschenden Fest. Anne Boleyn erschien in einem strengen, hochgeschlossenen schwarzen Samtkleid, bewaffnet mit den Kronjuwelen, die eigentlich Katharina von Aragon zustanden. Neben den prunkvollen Brokatgewändern der französischen Hofdamen wirkte sie wie eine zarte, jungfräuliche Blume. Franz I. wird an diesem Schauspiel seinen Spaß gehabt haben, denn Anne hatte ihre »Lehrjahre« an seinem Hof genossen – sie war auch seine Geliebte geworden, und er sprach von ihr immer nur als »meine Hur«.

Der Empfang war besonders herzlich, und Heinrich war darob so ver-

Königin Anne Boleyn, die zweite Gemahlin Heinrichs VIII. (geb. 1507). Die ehrgeizige Bürgermeisterstochter war die Mutter Elisabeths.

gnügt, daß er die Staatsschuld großmütig strich. Er vergaß sogar die kleinen Schlappen, die er einstecken mußte. Etwa, als sich die höfische Runde zu einem festlichen Bankett niedergelassen hatte und gerade der Hauptgang aufgetragen wurde – da springt der starke Heinrich plötzlich auf, schreit »Jetzt wollen wir ringen!« und stürzt sich auf den zierlichen Franz, der gerade einen Fasanenschenkel abnagt. Aber der wendige französische König streckt nur blitzschnell ein Bein vor, und »Bruder« Heinrich poltert mit seinen zweieinhalb Zentnern Lebendgewicht auf den Boden. Anne Boleyn kreischt vor Vergnügen und mit ihr der ganze Hof.

Seine Gemahlin Katharina von Aragon hatte der König unterdessen kurzerhand vom Hof verbannt. Diese Hiobsbotschaft schlug bei Katharina ein wie der Blitz. Genügte es nicht, daß man die rechtmäßige Königin mit dem »spanischen Blut« jahrelang vor aller Welt hinterging und erniedrigte, nun mußte die »heilige, aber beschränkte« Frau noch um ihr Leben fürchten. Die leidgeprüfte Königin legte das härene Büßergewand des heiligen Franziskus, das sie ständig unter ihren Hofkleidern trug, aus Angst vor einem Mordanschlag, einer Entführung oder einem tückischen Gift nicht mehr ab. Hier wurde der Keim gelegt für den »leidenschaftlichen Widerstand« ihrer 16jährigen Tochter Maria, unter der England noch viel zu leiden haben würde! Beide konnten nie bereit sein, den König als »Oberstes Haupt auf Erden und der Kirche von England und unmittelbar vor Gott« anzuerkennen. Wie sollten sie auch: Hieße das nicht, dem eigenen Glauben abzuschwören – und überdies Verzicht auf Titel und Erbe?

Die neue Königin

Schließlich war es das Haupt des englischen Klerus, Thomas Cranmer, der neuernannte Erzbischof von Canterbury, der dem König in der delikaten Angelegenheit behilflich war. Cranmer war durch seine heimliche Heirat mit einer deutschen Protestantin – von der König Heinrich unter gar keinen Umständen etwas erfahren durfte – erpreßbar, und hinter den Boleyns stand einer der mächtigsten und einflußreichsten Familienclans, die Howards. Der Erzbischof wurde gezwungen, die offiziellen Voraussetzungen für diese zweite Ehe zu schaffen, die in aller Stille bereits am

25. Januar 1533 geschlossen worden war. Cranmer erkannte die kirchliche Obermacht des Königs an, womit die anglikanische Kirche entsteht und das »Band mit Rom endgültig zerrissen« war. Im Mai wurde die Ehe zwischen Heinrich und Katharina von Aragon für ungültig erklärt – den Rechtsgelehrten war in der Eile nichts Besseres eingefallen als der fadenscheinige Grund der Blutschande, denn Katharina war in erster Ehe mit Heinrichs früh verstorbenem Bruder Arthur verheiratet gewesen. Was der Papst nicht anzuerkennen gewillt war, setzte Heinrich mit Hilfe von Erzbischof Cranmer und dem Parlament durch: Königin Katharina mußte auf ihren Titel verzichten, die Tochter dieses »Konkubinats«, Maria, wurde für unehelich erklärt und enterbt. Alle Kinder Annes sollten dagegen die volle Thronberechtigung erhalten!

»Gott gebe, daß die Dame damit zufrieden ist, der Königin Juwelen und Gemahl zu rauben, und nicht darauf besteht, ihr auch das Leben zu nehmen«, charakterisiert der spanische Gesandte Eustac Chapuys Anne treffend.

Das Volk hatte die neue Königin allerdings nicht auf ihrer Seite. Anne war schrecklich unbeliebt, und es kam mehr als einmal vor, daß sie öffentlich ausgepfiffen wurde. »Es gibt nur eine Königin, und die heißt Katharina!« schrien die Leute auf den Straßen. Der Bannfluch des Papstes lastete schwer auf den Gemütern der Engländer, und nur König Heinrich beteuerte immer wieder, daß ihn die Exkommunikation durch das Oberhaupt der Kirche nicht im geringsten störe, auch keine 10000 davon.

Die folgenden Wochen und Monate standen unter einem neuen Stern: einem Kometen, einem flammenden Schwert, einem Kreuz mit Pferdekopf. Jedermann war klar, daß diese Zeichen am Himmel im Zusammenhang mit der Schwangerschaft Königin Annes zu sehen waren. Heinrich fieberte vor Unruhe, Scharen von Wahrsagern, Astrologen, Magiern und Hexen sagten für die bevorstehende Geburt einen männlichen Thronfolger voraus, und jedesmal stürzte sich der König vor Freude darüber auf das nächstbeste Hoffräulein, um es stürmisch abzuküssen.

Je näher das Ereignis rückt, desto gereizter und nervöser wird die Stimmung. Wer sich mit einer halbwegs plausiblen Entschuldigung vom Hof zurückziehen kann, macht Gebrauch davon. Langsam wird die Spannung unerträglich, denn immer wieder beschleicht diesen mächtigen Mann die Angst, es könnte am Ende doch wieder eine Tochter werden.

Eine Tochter aber hat er schon. Was er braucht, ist ein Sohn, der imstande ist, die junge Dynastie der Tudor weiterzuführen.

Am 6. September 1533 setzen bei Königin Anne am frühen Nachmittag die Wehen ein. Der König verbringt schon Stunden im Vorzimmer, in Schweiß gebadet und zitternd vor Aufregung. Die Schmerzensschreie aus dem Geburtszimmer scheinen kein Ende zu nehmen. Der Monarch sitzt wie auf glühenden Kohlen. Wie kann man ihm, dem englischen König, den handfesten Beweis seiner männlichen Potenz so lange vorenthalten? Der fehlende Erbe – fünf Kinder waren der armen Katharina bereits im Kindbett gestorben – ist längst zu einem Trauma geworden.

Da! Der kräftige Schrei des Neugeborenen läßt auf einen Sohn schließen! Der König atmet auf.

Leise öffnet sich die Tür, die Amme kommt auf Zehenspitzen herein. Sie macht einen tiefen Knicks vor Seiner Majestät und reicht ihm das dicke Steckkissen: ein Mädchen!

Der König traut seinen Augen nicht, schließt sie für einen Augenblick, als könne er die schreckliche Wahrheit nicht ertragen. Dann verbirgt er sein mächtiges Antlitz, um zu weinen. Es sind Tränen um England, um die Krone.

Dann besinnt sich der Hitzkopf auf seine Frau, die ihn so schmählich enttäuscht hat. Mit hochrotem Kopf poltert er ins Zimmer, stapft an ihr Bett – doch ihr herzzerreißendes Schluchzen weckt sein Mitleid: »Eher würde ich von Tür zu Tür betteln gehen, als daß ich Euch im Stich ließe«, brummt Heinrich verlegen.

Kaum aber hat er das Zimmer verlassen, tobt er vor Wut, die erst nach drei Tagen langsam abklingt.

Goldene Tage

Die unerwartete Geburt einer Tochter brachte das ganze Hofprotokoll durcheinander, die Hofschranzen waren verzweifelt.

Man mußte sich schnell einen Mädchennamen einfallen lassen, doch von der Windel bis zum Baldachin für die bevorstehende Taufe war alles schon mit einem großen »E« bestickt, dem Anfangsbuchstaben von Eduard, wie der Thronfolger genannt werden sollte.

Das englische Staatswappen, gehalten vom Löwen Englands und dem Tudor-Drachen, umschlossen vom Hosenband-Orden (»Wehe dem, der Schlechtes dabei denkt«). Auf dem Devisenband: »Gott und mein Recht«

Irgend jemand hatte schließlich den Einfall, man müsse sich auf einen Namen einigen, der ebenfalls mit einem »E« beginne. Warum nicht Elisabeth? So hatte Heinrichs Großmutter geheißen, die Gemahlin Heinrichs VII.

Kurz nachdem die Geburt bekannt geworden war, läuteten alle Glokken Londons, und überall loderten Freudenfeuer; allerdings, meinte der spanische Gesandte, nur um den König und seine neue Gemahlin zu ärgern!

Drei Tage später, als die erste Wut seiner Majestät verraucht schien, begab sich nach dem Mittagessen eine Abordnung von 40 auserwählten Londoner Bürgern mit dem Bürgermeister an der Spitze zur Taufe Prinzessin Elisabeths nach Greenwich. Die Hauptperson war sich der Würde des Augenblicks bewußt und schrie während der Feierlichkeiten in der kühlen Franziskanerkirche kein einziges Mal. Sie wurde von der Herzogin von Norfolk in einem purpurnen Samtmantel mit hermelinbesetzter Schleppe aus der Taufe gehoben. Ihr Großvater mütterlicherseits, der alte

Titelblatt der »Utopia« des Sir Thomas More, in der er einen Idealstaat ohne Privateigentum und Klassenunterschiede beschreibt.

Thomas Boleyn, Graf von Wiltshire und Bürgermeister von London, hielt ihre Schleppe. Als der Erzbischof von Canterbury seinen Segen gesprochen hatte, trat der erste Wappenherold Englands vor: »Gott in seiner unendlichen Güte sende ein glückliches und langes Leben der hohen und mächtigen Prinzessin von England – Elisabeth!«

König Heinrich hatte sich entschuldigt . . .

Noch im Wochenbett schoß die Königin einen weiteren Giftpfeil ab. Sie überredete den König, seine erstgeborene Tochter Maria Tudor in das Gefolge ihrer Tochter Prinzessin Elisabeth aufzunehmen. Katharina von Aragon war sprachlos. Wie konnte sich der »gute König« dazu herbeilassen? Trotz seiner Enttäuschung hatte Anne noch immer genügend Einfluß auf ihn: Maria Tudor kam an den Hof der kleinen Elisabeth. Allerdings war sie nicht dazu bereit, die kleine Prinzessin auch zu bedienen; genau das aber verlangte Königin Anne. Die böse Stiefmutter auf Englands Thron hatte ehedem ja auch befohlen, »ihr die Speise zu entziehen, sie zu ohrfeigen oder sonst zu strafen und als verfluchten Bastard zu behandeln, der sie sei, wenn sie weiterhin auf ihrem Titel bestehe und sich weigere, am Gesindetisch zu essen«.

Es war einer der letzten Triumphe Annes. Der König verfiel immer häufiger in dumpfes Grübeln. Da erinnerte er sich wohl auch an das kreischende Gelächter Annes beim Bankett mit Vetter Franz in Frankreich. Er mußte eine blamable Niederlage einstecken, und sie brüllte vor Lachen. Er sah sie im Reigen der Hofdamen vorübertanzen, ihre Bewegungen voll Anmut und Grazie – so hatte er sich unsterblich in sie verliebt, in dieses schöne ovale Gesicht mit den schräg geschnittenen Augen und der hohen Stirn . . .

»Diese Tänze treten unsere Köpfe weg wie Bälle, aber es wird nicht lange währen, und sie wird selbst ohne Kopf tanzen.« Dieser Satz des großen Thomas More (Thomas Morus) klang nach in seinem Ohr, und es schauderte ihn. War der Tod des Lord-Kanzlers nicht auch ihre Schuld? Wie hatte er diesen weisen Mann verehrt. Wie oft war er in dessen Landhaus zu Gast gewesen, hatte Holbein Modell gesessen und immer wieder in Mores »Utopia« gelesen. Keiner hatte tiefer in das Ränkespiel der Politik, in die Machenschaften am Hof und auch in Heinrichs wankelmütige Seele geblickt als er. Aber dann hatte Thomas More 1534 vor dem Parlament den Eid auf Heinrichs Obermacht über die englische Kirche

(Suprematseid) verweigert, »um die Autorität des Papstes nicht zu verletzen«. Bis zuletzt hatte Heinrich gehofft, der große Gelehrte werde nachgeben. Aber Thomas More stand zu seinem Wort. Als die Meldung von seiner Hinrichtung aus dem Tower kam, hatte Königin Anne aufgelacht und die Spielkarten neu gemischt. Er aber hatte betroffen das Zimmer verlassen, dieser Mann war einmal sein Freund gewesen . . .

Er war der Launenhaftigkeit, der Eitelkeit, des Spottes, der Rachsucht, der Schwatzhaftigkeit seiner zweiten Gemahlin plötzlich überdrüssig – Königin Katharina hatte nie harte Worte gegen ihn gebraucht.

Das tägliche Leben der kleinen Prinzessin Elisabeth verlief indessen in ruhigen Bahnen. Als sie zehn Tage alt war, bekam sie ihren eigenen kleinen Hofstaat und zog nach Schloß Hatfield um. Das war ihr großes Glück. Hier konnte sie ungestört von den väterlichen Sturmwinden ruhig vor sich hin spielen. Da erschien höchstens die liebenswürdige Erzieherin Lady Bryan, um sich untertänigst um das Wohl ihres königlichen Lieblings zu kümmern, von dem sie sagte, es sei »ein Herrenkind, wie sie selten eines gesehen«.

Elisabeth war auch zu klein, um etwas von den Demütigungen und Bosheiten zu bemerken, denen ihre ältere Schwester Maria ständig ausgesetzt war. Der schwelende Konflikt, den ihre Mutter Anne heraufbeschwor und schürte, sollte sich noch auf das Verhältnis der Geschwister auswirken: Es würden Tage kommen, an denen Maria mit sichtlichem Genuß und tiefer Genugtuung den Spieß umdrehte! Aber unter der Fürsorge der aufmerksamen Lady Bryan entspannte sich das Verhältnis zunächst; dafür hatten auch die Schmiergelder des spanischen Gesandten gesorgt. Maria Tudor schrieb einlenkend an ihren Vater: »Meine Schwe-

Unterschrift Heinrichs VIII.

ster Elisabeth ist ein so williges Kind, daß ich fest davon überzeugt bin, daß Euer Hoheit in der Zukunft noch große Freude an ihr haben werden.«

In Wirklichkeit verspürte sie jedoch große Sehnsucht nach ihrer eigenen Mutter, der sie nicht einmal schreiben durfte. Und »Lady« Maria mußte oft ihre Tränen im Nachtkissen ersticken, voll Kummer über die Schmach, die man Katharina angetan hatte. Nur der alte Chapuys kannte ihre Sorgen und wußte von ihren Fluchtplänen – doch ihre Nerven waren mittlerweile so angegriffen, daß man sie immer wieder aufschieben mußte.

Königin ohne Kopf

Das Jahr 1536 wurde ein Krisenjahr für beide Mädchen.

Es begann am 7. Januar mit der Trauerbotschaft für Maria Tudor, deren geliebte Mutter plötzlich gestorben war. Der Kerzenmacher, der die Leiche einbalsamierte, hatte ihr Herz gesehen: Es war tiefschwarz. Im Volk flüsterte man, die verstorbene »gute Königin« sei von den Boleyns vergiftet worden. Und Annes Vater und Bruder gaben dem Verdacht noch Nahrung, indem sie lakonisch erklärten, »das einzige, was sie daran bedauerten, wäre nur, daß Lady Maria ihrer Mutter nicht Gesellschaft leistete«.

Heinrich jubelte »Gott sei gelobt«! Dabei ging es ihm schon längst nicht mehr um die politische Situation, die Anerkennung seiner zweiten Ehe und auch nicht um Anne. Aber gegen das heilige Prinzip seines königlichen Willens gab es nun kein lebendes Mahnmal mehr! Er feierte diesen »Frieden« laut und bunt bereits zwei Tage später. Die Musikanten spielten, was die Fiedeln hergaben, während der König den Reigen der Hofdamen in einem prächtigen Seidengewand aus purem Gelb mit den üblichen Straußenfedern am Barett eröffnete.

Dann und wann beliebte es dem König, Vater zu spielen. So führte er die kleine Prinzessin Elisabeth gegen Mitternacht »unter Fanfarenklängen und lautem Triumph« in die Hauskapelle, nach dem Essen nahm er das fröhliche Kind mit den rotblonden Locken und den lebhaften blauen Augen auf den Arm, küßte es und präsentierte es mit sichtlichem Stolz seinen Gästen. Der kleinen Prinzessin machte diese Vorstellung in ihrem goldenen Samtkleidchen offenkundig Vergnügen, denn sie hüpfte auf dem Arm ihres Vaters begeistert auf und nieder. Chapuys berichtete: »Es wird gesagt, daß er sie sehr liebe.«

Als Tage später Königin Anne ebenfalls von Kopf bis Fuß in Gelb, der »Farbe der Freude«, erschien, nahm ihr das der König heftig übel. Der Triumph war nur einem gegönnt: ihm!

Kaum waren die letzten Klänge der höfischen Musik verklungen, als auch schon die nächste Katastrophe hereinbrach. Am 24. Januar krachte Heinrich bei einem Turnier mitsamt seiner zentnerschweren, versilberten und vergoldeten Rüstung, die sämtliche Plattner zum Stöhnen brachte, in den Sand und blieb bewußtlos liegen. Der Herzog von Suffolk hatte es gewagt, den König mit seiner Lanze aus dem Sattel zu heben!

Als die Königin von diesem Unglück erfuhr, fiel sie vor Schreck in Ohnmacht; vermutlich nicht ganz ohne Grund, denn am Hof wurde gemunkelt, der Herzog sei ein recht inniger Verehrer Annes. Vierzehn Tage später erlitt sie eine Fehlgeburt.

»Ich sehe, daß Gott mir keine männlichen Kinder geben will«, meinte der König bitter und überließ die Königin ihrem Schicksal.

Doch da war ja auch längst eine neue Hofdame, die ihm gefiel: Jane Seymour. Seit die Königin das stille Mädchen auf dem Schoß des Königs erwischt hatte, setzte es nur noch Kratzer und Seitenhiebe. Aber das nützte wenig.

Vor allem waren da auch noch die Königinnenmacher. Sie hatten schon bei der Ehe mit der Boleyn die Hände im Spiel. König Heinrich war freilich zu sehr in das Leben und seine persönlichen Launen verliebt, um dahinter ein Prinzip zu wittern. Es gab zwei große Familienclans, die Howards und die Seymours, die über die jeweilige Königin Einfluß auf den König zu gewinnen suchten. Anne Boleyn war zwar durch ihre ehrgeizige Familie lanciert worden, aber dahinter steckte der Howard-Clan. Nachdem die Howards durch das Scheitern der Ehe mit Anne in Mißkredit geraten waren, versuchten die Seymours ihr Glück beim König.

Der »böse Geist« des Königs, Lord-Siegelbewahrer und Generalvikar Sir Thomas Cromwell, witterte die Wende: Jetzt war Königin Anne das Ärgernis. Beim Maiturnier in Greenwich wurde der »Beweis« in Szene gesetzt. König Heinrich hatte mit »geheuchelter Freundlichkeit« neben

König Heinrich VIII. im Turnier

Anne Platz genommen, nachdem er am Abend vorher durch den Lord-Siegelbewahrer die »Liste der Liebhaber« der Königin erhalten hatte. Cromwell hatte sie dem Musikanten Marc Sweaton unter der Folter erpreßt. Als die Königin nichtsahnend ihr Taschentuch fallen läßt, ist schon ein ebenso nichtsahnender Höfling zur Stelle, um es aufzuheben und ihr mit galanter Geste auf der Lanze zurückzureichen. Das genügt. Der König verläßt wortlos die Loge. Den Rest mochte Cromwell besorgen.

Am nächsten Tag wird Königin Anne verhaftet und in den Tower gebracht. »Noch nie wurde eine Königin so grausam behandelt!« schreit sie, als ihr der Rat dreifachen Ehebruch und blutschänderische Beziehungen zu ihrem Bruder Lord Rochefort vorwirft.

Phantasien, Fieberwahn, bleierne Müdigkeit, kreischendes Lachen überfallen sie in den blutbefleckten Mauern ihres Kerkers. Dazwischen die Frage an den Vogt des Tower: »Wissen Sie, warum ich hier bin?«

Dann rasseln die Trommeln. Die Köpfe ihrer Weggefährten, ihres Bruders rollen vor ihren Augen ins Stroh. Das war am 19. Mai.

Am folgenden Tag ist sie es, die den zierlichen Hals für den Henker freimacht . . . »Empfiehl mich seiner Gnaden und sage ihm, daß er seiner Gewohnheit, mich zu erhöhen, treu geblieben ist. Von einer einfachen Edelfrau machte er mich zur Herzogin, von einer Herzogin zur Königin, und jetzt hat er mir noch einen höheren Ehrentitel zugedacht – er verleiht meiner Unschuld die Krone des Märtyrertums.« Das ist ihre letzte Botschaft an den König.

Vier Stiefmütter

»Eher würde er die Hälfte seines Königreichs aufs Spiel setzen, als auf einen Wunsch seines Willens zu verzichten.«

Davon konnten auch die beiden Töchter ein Lied singen. Wenn es Seiner Majestät gerade danach zumute war, fielen sie eben in Ungnade, und das über Jahre hinaus. Oft wußte man nicht einmal den Grund. Mal war es die eine, mal die andere.

Aber Heinrich konnte sich ebenso herzlich wieder versöhnen. Zum Ausklang des Jahres durfte Maria Tudor, die der König in den letzten beiden Jahren nicht einmal grüßte, plötzlich wieder am Hof in Richmond erscheinen. Die Zeit verflog beim täglichen Ausreiten, Musizieren, Stikken und dem vermaledeiten Glücksspiel fast zu schnell. Sie verspielte ihre Michaelstaler und mußte sich sogar Geld pumpen.

Allerdings war diese Wende einer guten Fee zu verdanken, die wußte, daß es an der verstoßenen Tochter Katharinas einiges gutzumachen galt. Die neue Königin hielt ihre Hand schützend über die beiden Kinder. Ihre Güte und Mütterlichkeit kamen den beiden Mädchen zugute, wenn auch die Voraussetzungen dazu Lady Maria das Rückgrat gebrochen haben. Unter ständigem Druck – vor allem Cromwells – hatte sie das schreckliche Papier unterschrieben: ». . . daß des Königs Hoheit auf Erden nach Christus das Höchste Haupt der Kirche in England ist, und ich lehne entschieden die angebliche Autorität des Bischofs von Rom und seine Gewalt in diesem Königreich ab. Ebenso erkenne ich in Erfüllung meiner Pflichten gegen Gott an, daß die Ehe, die zwischen Seiner Majestät und meiner Mutter ehemals bestand, nach Gottes und der Menschen Gesetz blutschänderisch und ungesetzlich war.«

Daß sie anschließend heimlich ein Gegenpapier für ihren Vetter Kaiser Karl aufsetzte, änderte nichts daran, daß sie ihren Glauben, ihre Mutter und sich selbst verraten hatte. Vermutlich trieb sie die blanke Angst vor dem maßlosen Zorn ihres Vaters, dessen »heiligem Willen« sie sich schon seit Jahren widersetzt hatte. Wenn ihr Leben künftig auch leichter wurde, so war dieser Entschluß doch für ihre persönliche Entwicklung katastrophal.

Das Leben Elisabeths sah im Augenblick weniger rosig aus. Dem König hatte es gefallen, ihre Mutter durch das Schwert hinrichten zu lassen und die Ehe für ungültig zu erklären. Die knapp dreijährige Prinzessin Elisabeth wurde damit unehelich, ein Bastard. Doch die Illegitimität gereichte ihr, so merkwürdig das klingen mag, eher zum Glück. In ihrem Schutz konnte sie sich ungestört entwickeln, wurde in keine Machenschaften gezogen, da man sie zeitweise einfach vergaß.

Und dann geschah, womit eigentlich niemand mehr gerechnet hatte: Am 12. Oktober 1537 schenkte die neue Königin Jane unter »schrecklichen Wehen« dem heißersehnten männlichen Thronerben das Leben. König Heinrich war 48 Jahre alt. Aber das »Tedeum« in St. Pauls Kathedrale war kaum verklungen, als Jane an den Folgen der schweren Geburt starb. Ein schmerzlicher Verlust für den König und für alle Kinder, die erst wieder in der sechsten Gemahlin Heinrichs, Katharina Parr, eine geeignete Mutter finden sollten.

Freilich dauerte es nicht lange, und Vater Heinrich wandelte wieder auf Freiers Füßen. Gestärkt durch die Ehe mit der sanften Jane und dem Tudorerben Eduard war es dem Seymour-Clan ein leichtes, dem König eine neue Heiratskandidatin einzureden: Prinzessin Anna von Cleve. Die Heirat mit der deutschen Lutheranerin – ihr Vater war ein Erzfeind Kaiser Karls – sollte endlich das Bündnis mit den deutschen Protestanten zustande bringen. Hans Holbein hatte die Prinzessin für den König gemalt. Der Monarch war hochentzückt von dem Konterfei und ließ sofort die Hochzeit vorbereiten. Als Heinrich VIII. ihr dann aber zum ersten Mal gegenüberstand, ergriff er voll Entsetzen die Flucht – diese scheußlichen Pockennarben hatte Holbein nicht gemalt! Zur Hochzeit kam es dennoch, aber nur auf dem Papier. Und Anna von Cleve war klug genug, sich mit einer guten Apanage und zwei englischen Landschlössern zufriedenzugeben.

Mit dieser Farce waren nicht nur die Königinnenmacher aus dem Hause Seymour vorläufig abgemeldet, sondern auch ein gewisser Holbein, der für eine Weile Gast des Towers wurde; denn laut Heinrich hatte er dieser »flandrischen Stute« auf seinem Gemälde allzu schamlos geschmeichelt. Lord-Siegelbewahrer Cromwell hatte auch seine Hände im Spiel gehabt und zahlte dafür diesmal mit dem eigenen Kopf.

Jetzt hatten die Howards wieder Oberwasser. Doch die niedliche und leichtsinnige fünfte Gemahlin, die »Rose ohne Dornen« Katharina Howard, endete mit 22 Jahren nach einem häßlichen Scheidungsprozeß wegen Ehebruchs – wie ihre Kusine Anne Boleyn – auf dem Schafott.

Prinzessin Maria Tudor im Alter von 28 Jahren. Sie war die Tochter Heinrichs VIII. aus seiner Ehe mit Katharina von Aragon.

Die beiden Töchter reagierten auf die bewegten Ereignisse des Hauses Tudor ganz verschieden. Für Maria war der Vater längst zu einer Schreckgestalt geworden, mit der man sich besser nicht auseinandersetzte. Bei jedem neuen Familiendrama brach die alte Wunde wieder auf, das Leid, das man ihrer Mutter angetan hatte. Ihre Nerven wurden immer schlechter.

Anders Lady Elisabeth. Sie hatte zuviel von ihrem Vater geerbt, um sich ihm widersetzen zu wollen. Sie bewunderte ihn, denn ohne Zweifel: Er war ein großer König! Aber auch seine Schwächen kannte sie – die Eitelkeit, den Wankelmut, die Unbarmherzigkeit – und war bereit, daraus zu lernen.

Im Alter von zehn Jahren verschlang sie die alten Klassiker von Platon bis Cicero im Original, übersetzte sie ins Englische und wieder in die alte Sprache zurück und studierte die »Staatskunst« Melanchthons. Mit ihrem Wissensdurst und ihrem ausgezeichneten Gedächtnis brachte sie schon damals nicht selten ihre Lehrer in Verlegenheit.

Nach dem Intermezzo Katharina Howard landete der alternde, von Krankheiten gepeinigte König im sicheren Hafen der 32jährigen Witwe Katharina Parr. Sie ist nicht allzu beglückt über das Begehren des Königs,

Das früheste, uns bekannte Gemälde Prinzessin Elisabeth Tudors im Alter von 13 Jahren

denn da ist noch der ritterliche, elegante Thomas Seymour, ihre große Liebe. Aber der König befiehlt, und so kommt es im Sommer 1543 zur sechsten Hochzeit. Tatsächlich gewann die souveräne Katharina nicht nur die uneingeschränkte Zuneigung des Königs, sondern auch die der drei Kinder; vor allem die frühreife Lady Elisabeth verstand sich ausgezeichnet mit ihr.

Gegen Ende seines Lebens treibt den todkranken und launischen Monarchen nicht mehr so sehr die Leidenschaft, um so mehr quälen ihn eiternde Fisteln, heftige Gewissensbisse und die Furcht vor Fegefeuer und ewiger Verdammnis.

Heinrich VIII. war im Grunde Katholik geblieben. Die Trennung von der römisch-katholischen Kirche und die Schaffung der anglikanischen Kirche hatte er nicht gewollt. Rücksichtslos und selbstherrlich rückte er mit Axt, Scheiterhaufen und Folter gegen einige protestantische »Ketzer« vor, um sich auf alle Fälle noch einen guten Platz im Himmel zu sichern. Königin Katharina redete ihm als gläubige Protestantin heftig ins Gewissen, die Folge ist ein Haftbefehl; doch Katharina wirft dieses peinliche Papier vor den Augen Seiner Majestät ins prasselnde Kaminfeuer.

Es ist nur ein Aufschub für Tage.

Als am Abend des 27. Januar 1547 die ausgefertigten Todesurteile für Katharina Parr, Thomas Seymour und den Herzog von Norfolk gebracht werden, ist der König bewußtlos.

Sie liegen neben seinem Bett, er braucht nur noch zu unterschreiben; und er wird unterschreiben, sobald er aus seiner Ohnmacht erwacht.

Doch er erwacht nicht mehr. In den Morgenstunden des 28. Januar stirbt König Heinrich VIII.

Regentschaft der Geschwister

Auf den Stufen von Whitehall steht der erste Wappenherold in seinem roten und blauen mit goldenen Löwen und Lilien bestickten Tappert, ein Barett mit schwarzen Federn auf dem Kopf.

»Der König ist tot!«

Er tritt zurück, nimmt das Barett mit den schwarzen Federn ab, setzt eines mit weißen Federn auf, tritt erneut vor.

»Lang lebe der König!«

Der Erste Wappenherold in dem Tappert genannten Überwurf mit dem Staatswappen: Die goldenen englischen Löwen auf rotem Grund und die goldenen französischen Lilien auf blauem Grund (England verzichtete erst im Jahr 1800 auf die Kronansprüche in Frankreich).

Das Juwel

Königskinder sind manchmal zu bedauern – vor allem dann, wenn man es zu gut mit ihnen meint. Der kleine Eduard, Prinz von Wales, war solch ein Kind. Kaum war dieser langersehnte Thronerbe auf der Welt, setzte ein umfassendes Vorsorgeprogramm ein. König Heinrich lebte in panischer Angst, diesem Retter der Tudordynastie – dem zukünftigen König Englands – könne irgend etwas Schreckliches zustoßen. Vom Giftanschlag über Entführung bis zur ansteckenden Krankheit – Heinrich hatte an alles gedacht.

Der Lord-Siegelbewahrer Sir Thomas Cromwell war mit seinem Kopf für das Leben des kleinen Prinzen verantwortlich. Er hatte die Aufsicht über die Leibwache und den prinzlichen Haushalt. Das reichte von der täglichen Nahrungskontrolle – jedes Gericht mußte eigens vorgekostet werden! – bis zur Reinigung sämtlicher Schlösser. Alle Räume und Dielen mußten täglich zweimal gefegt und gewischt werden, das Geschirr des Prinzen mußte gesondert und sofort nach dem Essen abgewaschen werden. In den Schloßräumen durften – ganz gegen die Gepflogenheiten der Zeit – keine Speisereste herumliegen, und Haustiere gehörten, sofern sie überhaupt gestattet waren, von vornherein in den Zwinger. Sogar das Trinkwasser wurde wegen möglicher Ansteckungsgefahr von einem weit abgelegenen Brunnen geschöpft.

Alle – vom kleinsten Küchenjungen bis zur ersten Erzieherin – wurden unter Eid genommen. Jeder hatte zu parieren, und bei der kleinsten Nachlässigkeit setzte es gehörige Strafen!

Alles dreht sich um den kleinen Eduard. Und es ist erstaunlich, daß sich das »prächtigste Juwel des Königs« trotzdem noch zu einem halbwegs normalen Kind entwickelte: er war intelligent und sportlich, freilich aber auch sehr kränklich.

Die beiden Töchter Heinrichs gerieten dabei zwangsläufig ins Hintertreffen. Doch sie trugen es mit Fassung; vor allem Lady Elisabeth hatte an ihrem kleinen Bruder einen Narren gefressen.

Als Heinrich VIII. am 28. Januar 1547 starb, hatte das große Tauziehen um die Macht längst begonnen. Als Sieger ging der protestantische Seymour-Clan hervor, der die Ehe mit Katharina Parr gestiftet hatte. Der Onkel des nun neunjährigen Prinzen, Eduard Seymour, machte sich zum

König Eduard VI. von England, der Sohn Heinrichs VIII., aus der Ehe mit Jane Seymour, im Alter von drei Jahren

Lord-Protektor und schaltete den vom König bestimmten Rat, der bis zur Mündigkeit seines Sohnes die Regierung übernehmen sollte, weitgehend aus. Aber nicht sein ehrgeiziges Reformierungsprogramm brachte ihn zu Fall, sondern der eigene Bruder. Thomas Seymour konnte nicht verwinden, daß nicht er selbst die politischen Fäden in Händen hielt. Jedes Mittel war ihm recht, um den Lord-Protektor zu stürzen.

Zunächst versuchte er ihn beim jungen König anzuschwärzen. Das war nicht schwer, denn Eduard VI. hatte eine große Schwäche für diesen amüsanten Haudegen, brachte er doch Abwechslung und vor allem Taschengeld in das Audienzzimmer. Thomas' Pläne waren kühn, leider aber auch zu durchsichtig . . . Nachdem er mit seinen Intrigen beim kleinen König letztlich nicht viel erreichte, wollte er durch eine feudale Heirat an die Macht.

Im Haushalt der Königinwitwe Katharina in Chelsea lernte er ein hoch aufgeschossenes Mädchen mit starkem Willen und eiskaltem Verstand kennen: Lady Elisabeth. Ihre Hand wäre sein größter Triumph. Doch vom Staatsrat und von seinem Bruder kommt ein entschiedenes Nein zu dieser Verbindung.

An guten Einfällen hatte es dem Bruder des Lord-Protektors nie gemangelt, vor allem dann nicht, wenn es um seine eigene Karriere ging. Er hielt um die Hand Katharinas an, die er schon lange kannte. Vier Jahre war es her, daß König Heinrich sie heiratete und sie mußte einwilligen, obgleich ihr Herz einem anderen gehörte. Aber jetzt stand einer Liebesheirat mit Thomas kein Monarchenwille mehr im Weg. Auch Lady Elisabeth war begeistert. Alles, was mit Geschichte, Politik und Seefahrt zusammenhing, interessierte sie brennend – und jetzt bekam sie auch noch einen Seebären zum Stiefvater. Denn der ehrgeizige Thomas Seymour war längst von seinem Bruder, dem Lord-Protektor, mit dem Amt des Lord-Großadmirals und einer Peerschaft abgespeist worden.

Doch mit dieser Ehe hatte sich Thomas Seymor verrechnet. Das Reservedasein an der Seite der unpolitischen Königinwitwe war nicht nach seinem Geschmack, seine hochfliegenden Pläne hatte er keineswegs aufgegeben: Lady Elisabeth war das Ziel seiner Wünsche.

Elisabeth brachte er damit in arge Verlegenheit. Er hatte sich ihren Schlafzimmerschlüssel heimlich angeeignet und stahl sich allmorgendlich im Nachthemd barfuß zu ihr, um sie zu kitzeln und zu belästigen. Die 15jährige war kaum entzückt von diesen Nachstellungen, doch sie machte

Thomas Seymour, Lord Seymour von Sudeley, war unter Edward VI. Lord-Großadmiral. Als dritter Gatte der Königinwitwe Katharina Parr, Stiefvater Elisabeths

gute Miene zum bösen Spiel. Nur stand sie jetzt morgens immer eilends auf und steckte ihre Nase in ein Buch. Manchmal kam ihr seine Lordschaft zuvor, und sie konnte sich nur noch geschwind hinter einem Vorhang verbergen oder zu ihren Hofdamen retten, bis es seiner Lordschaft beliebte, wieder abzuziehen.

Mit ihrer Stiefmutter verstand sie sich ausgezeichnet, und gerade darum waren ihr diese Überfälle besonders peinlich. Sie hatten viele gemeinsame Interessen, liebten beide klassische Literatur. Katharina ahnte nichts vom Treiben ihres Gatten; wie sollte man es ihr auch beibringen, ohne sie zu verletzen? Schließlich gelang es der Erzieherin Kate Ashley, ihr die Sache beizubringen. Katharina hatte genug Humor, um darüber verstimmt zu sein. Solche Szenen waren nicht unmoralisch, sie gehörten dazu: Einmal soll es sogar vorgekommen sein, daß Katharina die Stieftochter Elisabeth im Garten festhielt, während Thomas der Prinzessin unter Lachsalven das schwarze Kleid vom Leib schnippelte.

Aber als Katharina schwanger wurde, trieb es der Draufgänger aus dem Hause Seymour doch zu weit, und die Stiefmutter war nicht mehr bereit, ein Auge zuzudrücken. Sie wurde mächtig eifersüchtig – völlig grundlos.

Elisabeth traf das tief. Schließlich hatte sie am allermeisten unter den Überfällen des Großadmirals zu leiden. Aber das Verhältnis zu ihrer großen Freundin war getrübt, die unbeschwerte Zeit dahin, und sie verließ, so schnell es ging, den gemeinsamen Haushalt in Chelsea.

Der Ritter ohne Furcht, aber mit Tadel hatte nach wie vor Höheres im Sinn. Als seine Gemahlin Katharina im September 1548 im Kindbett starb, waren seine Hände wieder frei.

Sofort erkundigte er sich bei Mistress Ashley nach seinen realen Chancen bei Lady Elisabeth. Ihm war zu Ohren gekommen, daß sie immer feuerrot wurde, wenn sie beim Kartenspielen den »Großadmiral« zog. Er machte ihr kräftig den Hof, nicht ohne sich überall lauthals nach ihren Besitzungen zu erkundigen.

Langsam wurde der Lord-Protektor mißtrauisch: Sein Bruder tanzte einfach auf zu vielen Hochzeiten. Denn da war auch noch die zarte Lady Jane Grey, die ebenfalls gewisse Anrechte auf den Thron hatte, und auch um ihre Hand bemühte sich der Lord-Großadmiral ganz unverhohlen. Seine Absichten waren eindeutig und rochen nach Hochverrat – am 20.

März 1549 rollte sein Kopf. Elisabeth kommentierte: »Heute starb ein Mann von viel Witz, aber wenig Verstand.«

Die dreisten Pläne des Stiefvaters, der beide Heinrichtöchter noch aus dem Tower mit Putschbriefen gegen seinen Bruder überhäuft hatte, schadeten Lady Elisabeth. Es waren die wildesten Gerüchte über sie im Umlauf: Sie trage ein Kind von dem Verräter und säße selbst bereits im Tower in Haft. Dazu mußte sie peinliche Verhöre über sich ergehen lassen. Als ihre Mistress Ashley und ihr Haushofmeister Parry verhaftet wurden, »weinte sie lange und voller Mitgefühl«.

Aber dann setzte sie sich beim Lord-Protektor energisch zur Wehr. Nie sei sie einverstanden gewesen, Thomas Seymour zu heiraten. Außerdem dürfe sie als Schwester des Königs doch wohl erwarten, daß man bemüht sei, ihre Ehre wiederherzustellen! Nachweisen konnte man ihr wirklich nichts – trotzdem durfte sie zwei Jahre nicht mehr am Hof erscheinen.

Die Hinrichtung des Lord-Großadmirals aber war ein gefundenes Fressen für die Gegenpartei, die Howards, die nun dafür sorgten, daß auch der Kopf des reformwütigen Lord-Protektors fiel.

Der Machtwechsel änderte nicht viel. Nun war es der skrupellose John Dudley, Herzog von Northumberland, der den Staatsrat und den 12jährigen König Eduard unter Druck setzte. Er führte das bereits unter Eduard Seymour eingeleitete protestantische Reformprogramm weiter – allerdings auf einem weit strengeren calvinistischen Kurs.

In diesem »goldenen« Käfig wurde König Eduard VI. immer anfälliger. Er bekam kurz hintereinander die Schwarzen Pocken, Masern und Influenza.

Als der König »fahles, schwarzes, stinkendes Blut voller Kohlen« speiend am 6. Juli 1553 im Alter von 15 Jahren starb, hielt der Herzog einen letzten Trumpf in den Händen: Die unmittelbare Anerkennung Lady Jane Greys, die erst kürzlich seinen Sohn geheiratet hatte. Damit waren beide erbberechtigten Töchter Heinrichs ausgebootet.

Aber das northumberlandsche Heer, das den Thron seiner blutjungen Schwiegertochter verteidigen sollte, wurde fahnenflüchtig. Die Stimme des Volkes hatte gesprochen: Für Maria Tudor. Für eine Änderung der Thronakte oder des Testaments von König Heinrich VIII. trat niemand ein: Also war nun die ältere Tochter Maria an der Reihe.

Lady Jane Grey war nur zwölf Tage Königin.

Maria die Blutige

20 Jahre lang hatte die Zeit für Maria Tudor stillgestanden – Ungnade und Unrecht, Verbannung und Warten. Jetzt kam sie mit 37 Jahren endlich verspätet zu ihrem Recht: Eine verwelkte kleine Frau mit roten Haaren und einem verbissenen Lächeln. Sie brauchte nicht für ihren Thron zu kämpfen, das Volk hatte sie »gewählt«.

Doch 20 Jahre blindwütender geheimer Widerstand lassen sich nicht auslöschen wie eine Kerze. Maria I. hielt zwar das Zepter eines ungeliebten Volkes in der Hand, aber sie dachte vor allem an ihre eigene Rehabilitierung; mit Gewalt wollte sie die alte Ordnung wiederherstellen. Die verlorenen englischen Schafe sollten schleunigst in den Schoß der katholischen Kirche zurückkehren – koste es, was es wolle!

Nachdem sie durch Parlamentsbeschluß alle reformatorischen Verordnungen unter Eduard VI. abgeschafft hatte, zeigte sich der päpstliche Legat bereit, den Kirchenbann aufzuheben. Damit war in den Augen der erzkatholischen Maria Tudor die Ehre ihrer Mutter – und ihre eigene – wiederhergestellt. Mit dieser Rückendeckung durch den Vatikan erließ sie

Königin Maria I., die »Blutige«. Gedenkmünze mit der Umschrift: »Maria I., Königin von England, Frankreich und Irland, Verteidigerin des Glaubens«

ein Gesetz »Über die Bestrafung der Ketzer«, das der berüchtigten spanischen Inquisition alle Ehre gemacht hätte. Im Februar 1555 begann das schreckliche Ketzerdrama auf den Hügeln von Smithfield, wo die Scheiterhaufen täglich loderten. Die Opfer wurden gevierteilt und in Bündeln verbrannt. Das Volk leistete leidenschaftlichen Widerstand. Die Märtyrer wurden stürmisch gefeiert, vor allem als Erzbischof Cranmer an die Reihe kam, der seinen Segen über die Ehe Heinrichs VIII. mit Anne Boleyn gesprochen hatte.

Maria konnte sich kaum mehr in der Öffentlichkeit blicken lassen. Überall schrie ihr das Volk ihren neuen Namen zu: »Blutige Maria«.

War es wirklich erst zwei Jahre her, daß das Volk stürmisch verlangt hatte, Maria Tudor und nicht Lady Jane Grey solle seine Königin werden? Und jetzt zitterte Maria vor der Wut ihres Volkes, lief mit einem Panzerhemd unter den Hofkleidern herum und verdoppelte die Leibwachen . . .

Es sollte noch schlimmer kommen.

Auch privat hatte die Zeit für Maria stillgestanden. Nun war die gekrönte Königin von England plötzlich auch für ihre spanische Verwandtschaft wieder interessant geworden. Denn was konnte Kaiser Karl V. näherliegen, als die habsburgische Weltmacht zu erweitern und zu stärken? Spanien würde durch eine Ehe direkte Anrechte auf den englischen Thron erhalten und eine vierte Front gegen das widerborstige Frankreich aufmachen. Auch wenn sein früh verwitweter Sohn Philipp nicht glücklich sein würde über die Verbindung mit der elf Jahre älteren Tante Maria Tudor – man ließ Kusine Margarethe der Niederlande ihre Fäden spinnen. In London kam ein Geschenk an: ein lebensgroßes Tiziangemälde des spanischen Kronprinzen Philipp. Es wirkte Wunder! Königin Maria konnte den Blick nicht mehr abwenden von dem schlanken, ernsten jungen Mann mit der wulstigen Unterlippe der Habsburger.

In England schlugen die Wellen hoch. Einmal waren die Spanier ohnehin verhaßt, zum anderen wollte man nicht das letzte Rad am Wagen einer politischen Großmacht werden. Und auch die »Heilige Inquisition« mit ihren erbarmungslosen Ketzerjagden sollte Spanien lieber für sich behalten.

Aber Maria war eisern entschlossen. Am 5. Januar 1554 heiratete sie Philipp gegen den Willen des Staatsrates, des Parlaments und des englischen Volkes. Zunächst allerdings nur auf dem Papier. Der spanische Prinz hatte sich entschuldigen lassen und Graf Egmont vorgeschickt, der nun pro forma den Bräutigam spielen mußte.

Nach dem Festbankett geleitete der Graf die tief enttäuschte Braut ins eheliche Schlafgemach und stieg in voller Rüstung samt Helm und Sporen zu ihr ins Bett – vor den wachsamen Augen der Delegierten des spanischen und englischen Hofes natürlich. Nach einer kurzen Ansprache galt laut Hofprotokoll die Ehe als vollzogen.

Als Philipp ein halbes Jahr später dann tatsächlich mit großem Gefolge in London anrückte, widmete sich Maria ausschließlich ihrem Gemahl. Kein Regierungsbescheid, kein Gesuch, kein Erlaß fand mehr ihre volle Aufmerksamkeit. Prinz Philipp wird von dieser absoluten Hingabe nicht gerade begeistert gewesen sein und schon gar nicht von der wachsenden Unruhe im Volk ...

Prinzessin im Zwielicht

Überall rumorte es, im Südosten Englands, in der protestantischen Grafschaft Kent, flackerten Aufstände auf. An die 3000 Bauern marschierten unter dem Rädelsführer Sir Thomas Wyatt vor die Tore Londons, um Maria zu stürzen und Elisabeth mit Eduard Courtenay – einem Urenkel Eduards IV. – zu verheiraten und auf den Thron zu heben. Der Wyatt-Aufstand wurde zwar durch die Truppen Marias schnell gebrochen, aber er schlug doch hohe Wellen, die sogar Lady Elisabeth in den Tower spülten.

Die Königin hatte ihre Schwester wütend nach Whitehall zitiert. Jeder konnte sich an den fünf Fingern abzählen, daß das im Augenblick nichts Gutes bedeuten konnte. In einem weißsilbernen Brokatkleid und einem zarten Kopfputz aus Perlen wirkte die junge Elisabeth in ihrer Sänfte wie eine Märchenkönigin. Ihr Gesicht war totenbleich, ihre Haltung stolz und majestätisch. Die Londoner jubelten ihr auf dem Weg nach Whitehall zu, der stürmische Beifall, die Tränen und Segenswünsche wollten schier kein Ende nehmen. Das englische Volk feierte »seine« Königin demonstrativ!

Von Maria wurde dieser Triumphzug durch die City übel vermerkt.

Sir Thomas Wyatt, Rebellenführer eines Bauernaufstands gegen Maria Tudor, dessen Ziel es war, Elisabeth Tudor auf den Thron zu setzen

Die kleine Schwester hatte ihrer Meinung nach den Aufstand angezettelt. Jetzt wurde sie auch noch zur Volksheldin.

In den Tower mit ihr!

Doch die Straßen Londons waren zu gefährlich, hier würde es wieder zu Tumulten kommen. Also ging es heimlich über die Themse. Als Elisabeth durch das »Tor der Verräter« gerudert wurde, rechnete sie mit dem Schlimmsten. Durch dieses Tor war vor 17 Jahren auch ihre Mutter gefahren – auf dem Weg zum Schafott . . .

»Ich habe nie etwas geplant oder gebilligt, was Eurer Person schaden oder irgendwie dem Staat gefährlich werden könnte«, verteidigte sich Elisabeth bei ihrer königlichen Schwester. Am 19. Mai 1554 durfte sie zwar den Tower wieder verlassen, aber das alte Mißtrauen blieb. Zu gern hätte Maria ihrer Schwester all das Unglück und Ungemach heimgezahlt, das sie durch Anne Boleyn erfahren hatte. Aber leider fehlte es an Beweisen. Elisabeth hatte bei dem Wyatt-Prozeß politisches Geschick bewiesen. Natürlich hatte sie davon gewußt, und sie kannte den Anführer auch persönlich – aber nachweisen konnte man ihr nichts. Ihren Dickschädel durchzusetzen und ihre gehaßte Schwester trotzdem köpfen zu lassen – dafür fehlte Maria der Mut.

Heimliche Brautschau

Es war tatsächlich Prinz Philipp, der die Weichen anders stellte. In diesem Punkt war er der Sohn seines großen Vaters, der die politische Zukunft sah, die auch ohne Maria Tudor zwangsläufig weitergehen würde. Die Königin war nicht mehr jung und außerdem hochgradig nervenkrank. Der Gedanke an ihre Tante Johanna die Wahnsinnige von Kastilien drängte sich auf: Jahrelang war sie mit dem Sarg ihres geliebten Gatten umhergezogen und hatte jeden Bewerber mit dem Verwesungsgestank vergrault. Philipp mußte jetzt an Spanien denken, an die Weltmacht. Wie sollte es weitergehen?

Von der jungen Elisabeth hatte er Wunderdinge gehört; aber Maria wußte immer wieder eine Zusammenkunft zu verhindern. Sie war eifersüchtig.

Langsam zog es Prinz Philipp mächtig in die Heimat zurück. Zuvor freilich wollte er Elisabeth noch persönlich kennenlernen. Sein Zeremonienmeister arrangierte ein heimliches Treffen auf Schloß Hampton Court.

Der 21jährigen Elisabeth lag viel daran, den richtigen Eindruck zu machen: Sie trug ein hochgeschlossenes purpurfarbenes Samtkleid, eine ausgediente Robe ihrer großen Schwester. Und auch ihre schönen schlanken Hände, die sie sonst so gerne zur Geltung brachte, schmückte nur ein einfacher Ring.

Philipp war überrascht. Seine Gesandten hatten wohl nur die halbe Wahrheit gesehen. Elisabeth ist ein vernünftiges, wohlerzogenes Mädchen. Aber Wunderdinge? Seine kleine Schwägerin, das weiß er nach diesem Nachmittag, wird ihm niemals Schwierigkeiten machen. Vielleicht wird sie sogar einmal eine brauchbare Ehefrau. Das Thema England konnte man jedenfalls bis auf weiteres vergessen.

Nun, ganz so harmlos war die kleine Schwägerin freilich nicht. Ihre Verbannung nach der Haft im Tower in das baufällige Woodstock – hier logierte sie im Pförtnerhäuschen, weil im Schloß der Wind durch die zerbrochenen Scheiben pfiff und der Regen durch Dach und Decken triefte, hatte ihre politische Anhängerschar mobil gemacht. Da trafen sich Nicholas Trockmorton (später ihr Gesandter in Frankreich), John Hawkins mit seinem kleinen Vetter und Pagen Francis Drake (in wenigen Jahren würden sie die Spanier das Gruseln lehren) und etliche andere Herren, die später einmal nicht gerade unbedeutende Posten bekleiden würden, beim Bier im Wirtshaus zum »Ochsen«, um die Zukunft Englands zu schmieden. Im Grunde saß hier bereits das neue Schattenkabinett auf Abruf bereit.

Elisabeths getreuer alter Schatzmeister Thomas Parry hatte zwar alle Mühe, ihr dort die neuesten Nachrichten zukommen zu lassen, denn anfangs ging jedes Buch, jeder Freßkorb zurück. Aber, o Wunder! Lady Elisabeth war immer bestens informiert.

Für Maria Tudor gab es tatsächlich nur noch eine Chance: ein Kind. Aus lauter Angst, den angebeteten Gemahl zu verlieren, gab sie vor, schwanger zu sein. Die mittlerweile fast 40jährige Königin hielt mit diesem »Zustand« ihre Umgebung pausenlos in Atem – bis Philipp schließlich einsehen mußte, daß sie sich alles nur einbildete.

Jetzt hielt ihn nichts mehr zurück. Nach einem Jahr entschuldigte er sich mit dringenden Regierungsgeschäften in den Niederlanden. Monate später war es nur das Geld, das ihn nach England zurücklockte – der Krieg mit Frankreich verschlang Unsummen. Und Maria Tudor gab ihm in ihrer Verzweiflung an Hilfsgeldern, was er wollte. Umsonst!

Der letzte Stützpunkt Englands auf dem Kontinent, Calais, fiel an die Franzosen. Das war vermutlich die größte moralische Niederlage ihrer glücklosen Regierungszeit. Maria war entsetzt über den Verlust und feuerte Philipp an, Calais zurückzugewinnen, aber die Festung blieb verloren.

Karl V. hatte inzwischen zugunsten seiner beiden Söhne abgedankt, und Philipp war König von Spanien. Die Hoffnung, daß ihr Gemahl je wieder an den englischen Hof zurückkehren würde, war damit endgültig dahin.

Es gab keinen Zweifel mehr, Maria Tudor hatte in den knapp fünf Jahren ihrer Regierungszeit alle Chancen verspielt. Das Volk wollte eine Tudor. Sie durfte sogar so korrupt, so launisch, so grausam sein wie Heinrich VIII. Aber sie hatte ein ganzer Monarch zu sein! Für eine halbe Tudor, die ihr Volk an Spanien »verkaufte« und England zu einer spanischen Provinz machte, hatte es nichts übrig.

In der Einsamkeit der letzten Monate entspannte sich das Verhältnis der Geschwister zueinander. Trotzdem blieb Maria bis fast zuletzt in der

Prinz Philipp von Spanien, Sohn Kaiser Karls V., Gemahl Königin Maria Tudors. Der spätere König Philipp II. von Spanien

Frage der Thronfolge hart. Um keinen Preis gönnte sie ihrer Halbschwester die Nachfolge. König Philipp II. war da allerdings ganz anderer Meinung. Auf alle Fälle wollte er verhindern, daß es zu unvorhergesehenen Machtkämpfen kommt. Und als gar nichts half, schickte er seinen eigenen Beichtvater an Marias Krankenbett. Er sollte seine Gemahlin in ihrer letzten Stunde dazu bringen, Elisabeth anzuerkennen. Und tatsächlich, er schaffte es!

Philipp atmet erleichtert auf. Inzwischen hatte er längst durch seinen Gesandten um die Hand Elisabeths angehalten; daß sie mit Freuden annehmen wird, ist für ihn selbstverständlich. Damit scheint der weitere Verbleib Englands als »Provinz« Spaniens gesichert . . .

Eine echte Tudor

Ein kühler, verhangener Novembertag. Vor dem langgestreckten Ziegelbau von Hatfield House hält ein Reiter. Sein Pferd dampft vom schnellen Ritt.

»Wo ist Lady Elisabeth?«

Der Diener macht eine weit ausholende, vage Geste: »Irgendwo im Park . . .«

Sir Nicholas Trockmorton gibt seinem Pferd die Sporen. In scharfem Galopp prescht er durch den großen Eichenpark. Die ausladenden, knorzigen Äste sind schon fast kahl, das Herbstlaub raschelt unter den Hufen des Pferdes. Sir Nicholas hält an, schaut sich um, sprengt weiter, hält wieder an.

Da! Völlig in ein Buch versunken, sitzt Lady Elisabeth auf ihrem Mantel unter einer mächtigen Eiche.

Sir Nicholas springt aus dem Sattel, eilt auf sie zu.

Lady Elisabeth schaut auf, lächelt.

Sir Nicholas Trockmorton beugt vor ihr das Knie:

»Lang lebe die Königin! Eure Schwester Maria ist tot. Euer Majestät, Ihr seid die rechtmäßige Königin von England!«

Man schreibt den 11. November 1558.

Erste Schritte

»Was kann man schon von einem Land erwarten, das von einer Königin und noch dazu von einem jungen Mädchen regiert wird, das zwar klug, aber ohne jede Umsicht ist und das sich jeden Tag ganz offen gegen die Religion stellt«, meldete der spanische Gesandte Philipp II.

Darin irrte er allerdings gewaltig. Die Königin mit dem »rein englischen Blut« ergriff mit Umsicht und Entschiedenheit das Ruder. Die Zeit der Prüfungen unter dem Regiment ihres Vaters und vor allem unter ihrer unseligen Schwester Maria war eine glänzende Vorschule gewesen. Sie hatte mit Note »ausgezeichnet« bestanden, hatte aus den Fehlern der anderen gelernt und ihre eigene politische Taktik entwickelt: Immer umsichtig bleiben und lieber hundertmal abwägen, als einmal vorschnell handeln.

Königin Elisabeth konnte dankbar sein, der Regierungswechsel vollzog sich reibungslos.

In Wiltshire stand zwar eine Garnison bereit, um notfalls »den Stand, den Titel und die Würde einer Königin zu sichern«. Alle Häfen wurden geschlossen, die Küsten von Kent und Sussex überwacht – denn noch lag man im Krieg mit Frankreich. Aber all diese Vorkehrungen erwiesen sich als unnötig.

Die junge Tudorkönigin hatte nicht nur beim Volk hohen Kredit, sondern auch unter den Höflingen und Politikern. Schon im Gasthof zum »Ochsen« hatte sich eine kleine Regierungsmannschaft gebildet, die bereit war, für sie durchs Feuer zu gehen.

Einer von ihnen war Sir William Cecil, der spätere Lord Burghley und Oberhofschatzmeister. Er konnte mit seinen 38 Jahren bereits auf eine reiche politische Laufbahn zurückblicken, ohne sich in der vorangegange-

William Cecil, Lord Burghley. Als Erster Staatssekretär engster Vertrauter Königin Elisabeths. Wurde später Schatzmeister und Lehensgerichtsmarschall.

nen Regierung von Maria der Blutigen kompromittiert zu haben. »Ich glaube von Euch, daß Ihr Euch durch nichts werdet bestechen lassen, daß Ihr dem Staat treu dienen werdet und daß Ihr mir, ohne Rücksicht auf meine persönlichen Wünsche, stets den Rat geben werdet, den Ihr für den besten haltet.« Mit diesen Worten ernannte Elisabeth drei Tage nach ihrer Proklamation zur Königin das »genialste Arbeitstier« zum ersten Staatssekretär und damit zu ihrem engsten Vertrauten.

Elisabeth sollte recht behalten. Lord Burghley war absolut und uneingeschränkt loyal. Ein ausgleichender, ruhiger, wenn auch etwas verkniffener Mensch; stets zugegen als Stimme der Vernunft, wenn das Tudortemperament mit ihr durchzugehen drohte.

Noch vor ihrer Krönung strich sie die höchste Instanz des Landes – den Staatsrat – auf ein Dutzend Mitglieder zusammen; vor allem die Kleriker wurden aus dem Gremium entfernt.

Mit diesem handlichen Apparat ließ sich das englische Reich führen, »als ob es der Haushalt und das Besitztum eines Edelmannes unter einem strengen und wachsamen Haushofmeister wäre«. Hier wurden die Friedensrichter, die Hauptkonstabler, die Sheriffs und Lord-Statthalter ernannt, der Kornpreis und das Lohnniveau bestimmt, die Grafschaftsmi-

Robert Dudley, Graf von Warwick und Leicester. Günstling Königin Elisabeths und Oberhofstallmeister. Bekam die Peerswürde als Heiratskandidat für Maria Stuart.

lizen, der Brückenbau und die Bittschriften kontrolliert; von den Proklamationen mit Gesetzeskraft, der Außenpolitik und dem Verwaltungsapparat von rund 500 Beamten ganz zu schweigen.

Aber darüber hinaus war Elisabeth mit grundlegenden Veränderungen sehr zurückhaltend.

Nur ihre treuesten Gefolgsleute bekamen ein bißchen von der königlichen Huld zu spüren: Thomas Parry wurde zum Ritter geschlagen und zum Haushofmeister ernannt wie Mistress Ashley zur ersten Hofdame.

Und ein gewisser Robert Dudley, Graf von Warwick und später Graf von Leicester, der alles getan hatte, um ihr das karge Leben im »Glockenturm« des Towers zu erleichtern, wird Oberhofstallmeister. Die Beförderung dieses Parvenüs aus der »Familie der Hochverräter« (sein Vater hatte als Herzog von Northumberland Lady Jane Grey auf den Thron manövriert) fand am Hof nur sehr geteilte Zustimmung.

Aber Graf Leicester war ein Edelmann vom Scheitel bis zur Sohle. Und war er nicht auch der Geliebte der Königin? In allen Tavernen, Gasthäusern und auf den Gassen Londons schloß man schon Wetten darüber ab, ob er das große Rennen um die Hand der Königin machen würde.

Religionsfrieden für England

Aber die Königin brauchte einen klaren Kopf. Jetzt ging es um die große Politik, um das Morgen Englands. Sie hatte die lodernden Scheiterhaufen von Smithfield und die an der London-Bridge aufgesteckten Totenschädel der Geköpften noch allzugut in Erinnerung. Die durch jahrzehntelange Glaubenskämpfe gespaltene und demoralisierte Nation mußte schnellstens wieder geeint werden. Keine der beiden Kirchenparteien sollte mehr um ihr Bestehen zittern müssen. Keiner würde mehr wegen seines Glaubens verfolgt werden, allenfalls religiöse Störenfriede und Radaubrüder beider Konfessionen.

Elisabeth war fest entschlossen, »die Religion wiederherzustellen, wie ihr Vater sie hinterlassen habe« – also die katholische Linie, natürlich ohne Papst.

In ihrem ersten Regierungsdokument stellte sie bereits ihre geschickte Taktik unter Beweis. Sie unterschrieb nämlich mit ihrem Namen und sämtlichen Titeln bis auf den einen: »Oberhaupt der Englischen Staatskirche« – ihn ersetzte sie durch ein »Etc.«. Sie wollte auf diesen Titel nicht verzichten; aber sie mochte auch den Papst nicht zu sehr provozieren, und so ließ sie dieses Thema zunächst als »et cetera« im Raum stehen.

Elf Jahre ließ sich der Papst hinhalten, ehe Pius V. 1570 doch den Bann gegen die »unrechtmäßige Bastardkönigin« schleuderte – und Elisabeth damit zwang, deutlicher einen protestantischen Kurs zu fahren. Allerdings auch das nur auf dem Papier. In Wirklichkeit konnte jeder glauben, was er wollte. Calvin und seine radikalen Genossen konnten auch jetzt kein Geschäft mit ihr machen.

Elisabeth will Ruhe und Frieden für ihr Land und vor allem freie Hand für die große Politik!

Man kann also keineswegs von einer Geburtsstunde der anglikanischen Kirche unter Elisabeth sprechen, wie das gelegentlich der Fall ist. Die Loslösung von Rom, die ja die eigentliche Voraussetzung für die anglikanische Kirche war, geschah aufgrund der vom Papst nicht sanktionierten Eheschließung ihres Vaters mit Anne Boleyn.

Die protestantisch-puritanischen Weichen für die englische Staatskirche – so wie wir sie heute kennen – stellte erst Oliver Cromwell rund hundert Jahre später.

Am 15. Januar 1559 finden die offiziellen Krönungsfeierlichkeiten in Westminster Abbey statt.

Ganz London befindet sich tagelang in einem einzigartigen Freudentaumel. In den Straßen lodern Freudenfeuer, die Einwohner haben Tische und Stühle auf die Gassen und Plätze geschleppt, sie singen, tafeln und feiern, »um zu Ehren der neuen Königin zu essen und zu trinken und fröhlich zu sein«. Der blaue Krönungsteppich vor Westminster Abbey wird vom begeisterten Volk noch während der Zeremonie in abertausend kleine Stückchen gerissen und geschnitten und als Andenken heimgeschleppt.

»Gleicht sie nicht unserem alten König Heinrich VIII.?« rufen die Londoner immer wieder. Und es sind nicht nur der hohe Wuchs und die rotblonden Locken, die an den »Goldenen Riesen« erinnern: Ebenso ist es die würdevolle Haltung und eine »köstliche Ungezwungenheit«, mit der sie jeden bezaubert.

Das Volk war hingerissen von seiner jungen Königin, die in der kurzen

Elisabeth I., Königin von England und Irland, im Krönungsornat

Amtszeit bereits gezeigt hatte, daß sie trotz ihrer blühenden Jugend – sie ist jetzt 25 Jahre alt – klug zu regieren verstand.

Nur ein kleiner Schönheitsfehler ließ sich nicht ganz verheimlichen: die ungesicherte Thronfolge.

Das beschäftigte vor allem das Parlament. Man hatte genug von Übergangsregierungen unter unmündigen Königen und unfähigen Königinnen, die einen ausländischen Prinzgemahl ins Land brachten, der seinerseits eine Weltmacht im Schlepptau führte. Dennoch mußte man an die Zukunft Englands denken. Die Königin war jetzt im besten Alter und sollte bald einen Thronfolger in die Welt setzen, der zur rechten Zeit ihre Nachfolge antreten konnte.

Inzwischen hatten auch schon zehn Bewerber aus fürstlichem Geblüt um ihre Hand angehalten. Doch Elisabeth konnte oder wollte sich noch nicht entschließen. Im Jahr 1559 drängte eine Abordnung mit Nachdruck auf eine Entscheidung. Aber die Königin verstand es, ihre Parlamentsmitglieder davon zu überzeugen, daß ein so tiefgreifender Entschluß reiflich überlegt sein müsse.

Beste Partie

»Ich wäre lieber ein Bettler, aber ledig, als eine Königin und verheiratet!« erklärte Elisabeth dem neuen spanischen Gesandten Bischof Quadra. Der Bischof muß alles andere als entzückt gewesen sein, denn das Haus Habsburg und vor allem Philipp II. waren äußerst interessiert an einer Verbindung mit der englischen Königin. Der spanische König besaß durch seine Ehe mit Maria Tudor direkte Ansprüche auf den Thron und hatte angesichts der politischen Machtverhältnisse auf dem Kontinent nicht die geringste Lust, sie zu verschenken.

Philipp von Spanien war ein Mann langsamer Entschlüsse, und außerdem schätzte er seine junge Schwägerin stets nach diesem harmlosen Nachmittagstee auf Schloß Hampton Court ein: Sicher war sie nur launisch. Da war ja auch noch Graf Leicester, mit dem er sich gut verstanden hatte. Vielleicht ließ sich der Günstling der Königin bei Gelegenheit benutzen?

Und wenn er es selbst nicht sein sollte – Habsburger gab es genug, seinen Vetter etwa, den österreichischen Erzherzog Karl. Aber auch hier zogen sich die Verhandlungen hin. Das hinderte Elisabeth nicht, als ihr drei Jahre später an einem Bündnis gelegen war, wieder höchst interessiert anzufragen! Aus dem Hause Borgia meldete sich ein weiterer Heiratskandidat, Herzog Francesco von Ferrara, ein Sohn der Lucrezia. Er bemühte sich mit goldgefaßten Bärenklauen, Bernsteinkugeln und Elchgeweihen um die Hand der Königin – vergebens. Selbst Philipps sadistischer, verrückter Sohn Don Carlos war im Gespräch; in jedem Fall wollte man den interessierten Eric von Schweden ausstechen, ehe es zu spät war.

Eine zweite große Familiendynastie stöhnte schon allein bei dem Gedanken, ein Habsburger könnte das Rennen um England machen: das Haus Valois.

Das Problem Frankreichs bestand darin, das durch die Heirat Johannas der Wahnsinnigen von Kastilien mit Erzherzog Philipp dem Schönen entstandene riesige habsburgische Reich einigermaßen in Schach zu halten. Von drei Seiten war Frankreich durch die habsburgischen

Fahnenschwinger. Von rechts nach links: Tudorrose, Initialen »ER« (»Elisabeth Regina«), Georgskreuz und Königsfahne

Kronländer umklammert; ein Habsburger auf dem englischen Thron hätte die Einkreisung vollkommen gemacht.

Zum anderen war da noch der alte Traum vom Griff über den Kanal. Einmal – vor 500 Jahren unter Wilhelm dem Eroberer, damals noch Herzog der Normandie – war dieser Griff erfolgreich gelungen. Es wäre zu schön, sich durch eine Heirat mit Elisabeth das Bindeglied zwischen Frankreich und Schottland – England – unter den Nagel reißen zu können. Damit wäre ein mächtiger Block geschaffen, der es mit den Habsburgern durchaus aufnehmen könnte.

Frankreich hatte zwei Kandidaten zu bieten. Vor allem der junge, krummbeinige Herzog Franz von Aleçon mit den Pockennarben und der großen Nase verliebte sich unsterblich in die Königin. Dieser »kleine Frosch«, wie ihn Elisabeth in ihrer Korrespondenz anzureden pflegte, machte tatsächlich ernst und »hüpfte« viermal über den Kanal, vermummt und inkognito, um die Königin zu überraschen. Hatte sie diesem jungen Romantiker nicht selbst geraten, sie heimlich in Greenwich zu besuchen? Allerdings bestand die Heimlichkeit nur auf dem Papier, denn die Kontrollen in den Häfen guckten in jeden Reisesack, in jede Schiffstruhe, in jedes Gesicht . . .

Die Königin verstand es glänzend, ihm über Jahre den Kopf zu verdrehen; so wie sie es immer verstanden hatte, ihre fürstlichen Bewerber gegeneinander auszuspielen, hinzuhalten, von neuem wieder zu bestricken

Unterschrift Elisabeths I.

– und auf diese Weise für ein internationales politisches Gleichgewicht zu sorgen.

Aber Franz von Aleçon war ein Romantiker ohne Nerv für große Politik. Bei seinem letzten Besuch schwor er, so lange zu bleiben, bis Elisabeth den Ehekontrakt endlich unterzeichnen würde. Angesichts dieser Hartnäckigkeit hatten ihre Hofdamen ihre liebe Mühe mit der Königin, die den »kleinen Frosch« zwar amüsant fand; aber heiraten wollte sie ihn nicht. Um den hoffnungslosen Anbeter aus Frankreich überhaupt loszuwerden, öffnete sie die Staatsschatulle und schenkte ihm Gold für seine Unternehmungen in den Niederlanden.

Leicht ist ihr das gewiß nicht gefallen, denn Elisabeth war geizig und hortete jeden Penny. Nicht für sich, sondern vor allem für ihr Volk.

Zwei Seelen

»Und wenn ich zwei Seelen besäße, ich würde der anderen nicht verraten, warum ich nicht heiraten will.«

Mit diesen Seelen in ihrer Brust hielt Elisabeth über Jahrzehnte nicht nur den Heiratsmarkt der europäischen Dynastien in Atem, sondern auch ihr Parlament, den Hofstaat und die ganze Nation. Sie behielt diese Trumpfkarte bis zuletzt in der Hand und war damit weiterhin das kleine, äußerst wichtige Rädchen am Wagen der großen Weltpolitik – ohne sich einseitig festzulegen.

Aber es war eben auch bekannt, daß ihr der Gedanke an einen Prinzgemahl oder gar König, der in ihre Politik dreinreden konnte, einfach unerträglich war – sogar der Gedanke an die Ehe überhaupt.

»Ihr meint, wenn Ihr verheiratet wäret, so wäret Ihr nur Königin von England, und jetzt seid Ihr König und Königin in einer Person«, stellte einmal der schottische Gesandte fest.

Freilich gab ihr Verhalten auch den wildesten Gerüchten über ihr Liebesleben reichlich Nahrung. Das dichtende Schwertmaul Ben Jonson erzählte in Hawthornden, die Königin habe »ein gewisses Membran, das sie untauglich mache für den Mann, obwohl sie zur Lust es mit vielen versuche«. Vielleicht sprach daraus die nackte Enttäuschung über seine geringen Erfolge als Schauspieler unter Elisabeth – Jonsons große Zeit, die

Zeit seines berühmten Stücks »Volpone«, die Zeit als amtlich bestallter Hofdichter kam erst viel später unter Jakob I.

Aber vielleicht waren solch lose Reden auch im Interesse Ihrer Majestät, denn sie halfen prächtig, die an zahlreicher Nachkommenschaft interessierten Bewerber aus dem Hause Habsburg abzuschrecken. Je mehr über ihre Affären gerätselt wurde, desto größer wurde die Verwirrung.

Und doch hatte auch sie die starke Leidenschaft ihres Vaters geerbt, freilich unter anderen Voraussetzungen: Heinrich hatte schließlich ihre Mutter köpfen lassen, als Elisabeth zwei Jahre und acht Monate alt war. Dieses Erlebnis saß so tief, daß sie ihr ganzes Leben lang niemals den Namen ihrer Mutter über die Lippen brachte – natürlich auch aus politischen Gründen, denn sie wußte nur zu gut, daß durch diese Verbindung sehr viel Unglück über England gekommen war.

Aber der Schock saß tief und wurde durch die Reihe der geköpften, geschiedenen oder verwitweten Stiefmütter in keiner Weise gemildert. Elisabeth entwickelte eine heftige Abneigung gegen das andere Geschlecht.

Das letzte Schlüsselerlebnis in dieser Kette von Ereignissen verdankte sie dem charmanten Stiefvater Thomas Seymour. Ein Vergewaltigungsversuch dieses Haudegens stellte die Weichen endgültig: Sie würde zwar ihr Leben mit Männern ausschmücken, aber nie die Krone oder das Bett mit ihnen teilen.

Ihre zahllosen Verehrer – auch Graf Leicester – waren allenfalls ein gutes Alibi, das vorzüglich funktionierte. Nur die wenigsten ahnten, daß sich die Königin sexuell ausschließlich für ihr eigenes Geschlecht interessierte; ihre Hofdamen, die es schließlich wissen mußten, hielten eisern den Mund.

Ihnen genügte schon die entsetzliche Eifersucht der Königin. Sie hatten ihr allein zur Verfügung zu stehen, und schnappte ein Edelmann eine Hofdame weg oder heiratete sie gar, so verbot sie die Ehe kategorisch, verprügelte die Dame höchstpersönlich oder verbannte sie in rasendem Zorn in den Tower.

Das Viktorianische Zeitalter weiß dafür beste moralische Entschuldigungen: Der gute Ruf ihrer Hofdamen sei ihr wichtig gewesen!

Aber das sind Legenden.

Königin Elisabeth war nie moralisch, die Tudorzeit war es auch nicht. Man lebte aus dem vollen, fraß sich durch zwei Dutzend Gänge täglich,

Königin Elisabeth im Alter von 42 Jahren. Sie liebte prunkvolle Gewänder und kostbaren Schmuck.

besoff sich und liebte. Nirgendwo gab es ein Fragezeichen. Das Leben war hinreißend schön und wurde nirgendwo betrauert, allenfalls auf dem Schafott – aber auch da wahrte man Stil und Haltung.

Der Musenhof

Die rote Tudorrose auf grün-weißem Tuch flattert von den Zinnen des romantischen Schlosses Kenilworth. Fanfaren schmettern Begrüßungsklänge in die warme Sommerluft. Kaum kommt die goldene Sänfte der Königin in Sicht, bricht ein wahres Jubelgeschrei los! Ganz Warwickshire schien auf den Beinen, um Ihrer Majestät zu huldigen. Mit Rufen wie »Haltet die Karre an, ich will mit der Königin reden!« umzingelt das Volk die Sänfte immer wieder. Wenn auch die königliche Leibwache solch »gemeine« Tuchfühlung aus Gründen der Sicherheit nicht sonderlich leiden mochte. Elisabeth liebte sie und provozierte sie. »Den einen bedauerte sie, den anderen lobte sie, dem einen dankte sie, mit anderen scherzte sie lustig und witzig, niemanden verachtete sie, keine Pflicht versäumte sie und verteilte ihr Lächeln, ihre Blicke und ihre Anmut so kunstvoll, daß daraufhin das Volk seine Freude noch stürmischer äußerte und später in den höchsten Tönen das Lob seiner Fürstin sang.«

Auch im hohen Alter, wenn sie das Rheuma oder ihr offenes Bein plagte, bestand sie fest und steif auf ihren jährlichen Rundreisen durch das Land, und immer wieder fand sich ein wohlhabender und ergebener Edelmann, der tief in seinen Geldsack griff, um diesen »Progress« für Ihre Majestät zu finanzieren. Lediglich Ausnahmesituationen wie die grassierende Pest 1563 konnten sie von dieser Amtshandlung abhalten, die zugleich ihre Sommerfrische war. Sie war zu sehr Tudorkönigin, zu sehr Renaissancemensch, um nicht zu wissen, daß das Volk förmlich nach solchen Darbietungen lechzte und sich der Erfolg solcher Rundreisen nicht mit Gold aufwiegen ließ.

Und es scheint, als könne sich das Volk nicht satt sehen an dem prunkvollen Gewand, das bis zum Boden reicht, übersät von Gold, Perlen und Edelsteinen; ein runder Spitzenkragen umrahmt ihr feines Gesicht mit der hohen Stirn und der Tudorkrone.

Am Arm ihres gewandten Gastgebers Robert Dudley, Graf von Leicester, rauscht die Königin über die Brücke zum Schloß. Vor dem Tor wendet sie sich noch einmal nach ihrem geliebten Volk um, das diese Geste mit großem Jubel honoriert.

Als die Königin Kenilworth mit seinen wuchtigen Türmen und Mauern, den weitläufigen Gebäuden und Höfen, den Gärten und gepflegten Rasenflächen betritt, bleibt mit hörbarem Rumpeln die große Turmuhr stehen.

»Selbst die Zeit verliert ihr Recht, wenn meine Königin ihren Fuß über die Schwelle meines bescheidenen Heimes setzt«, lächelt Graf Leicester galant.

Im Innenhof bringen ihr sieben Töchter des Landes in alter Tracht ein mehrstimmiges Ständchen zur Laute, und die schönste von ihnen versinkt zum Schluß vor der Königin in einem tiefen Hofknicks und überreicht ihr einen Rosenstrauß, in dem kostbare Juwelen blitzen.

Trompeten, Fiedeln, Flöten, Tamburine, Violen und Gamben spielen auf, während die Königin mit »Rob« die Suite der vier Tänze aus Pavane, Gaillarde, Allemande und Courante eröffnet.

Der Gastgeber ist mit einem kleinen Stehkragen und enganliegendem

Wams mit »Gänsebauch« streng nach spanischer Mode gekleidet. Es ist ein heißer Sommertag, wie man ihn sich nicht schöner wünschen kann. Nach dem dritten Tanz, der Allemande, fallen einige der Hofdamen glattweg in Ohnmacht, das Fischbein ihrer Reifröcke droht sie zu erstikken. Die anderen wirbeln weiter Figur um Figur auf den grünen Rasen. Die gold- und silberdurchwirkten Mieder, die prächtigen Festgewänder aus Atlasseide und schwerem Samt, die Edelsteine und das Geschmeide funkeln in der Sonne, während die Tänzer die klassischen Figuren drehen, mal rechts, mal links, Kompliment . . . Kleine Blumensträuße fliegen durch die Luft, und alles dreht sich um Ihre Majestät, die Königin.

Königin Elisabeth in ihrer Sänfte, umgeben von ihren Würdenträgern

Auch Graf Leicester, dem besten Tänzer des Hofes, stehen die Schweißperlen im Gesicht – nicht einmal wegen der hohen Kosten des königlichen Empfangs. Nein, es ist die dritte Zugabe an Ihre Majestät, es ist zum Verzweifeln! Am liebsten hätte er sich den verfluchten Gänsebauch aufgeknöpft und sich in den Rasen geworfen oder sich im Springbrunnen abgekühlt – aber natürlich ging das nicht.

Die Kondition der Königin war unverwüstlich. Sie brachte damit nicht nur Tag für Tag Minister und Diplomaten zur Verzweiflung, die Audien-

Szene aus einem zeitgenössischen Jagdbuch

zen bis zu elf Stunden über sich ergehen lassen mußten – auf den Knien, versteht sich. Nein, ihr unverwüstliches Temperament verlangte auch noch ein ausgedehntes Vergnügungsprogramm bis in die tiefe Nacht! Es schien, als sei tatsächlich ein Tudorkönig an ihr verlorengegangen, wie ihn die Hofastrologen einst prophezeit hatten. Und die Edelleute wetteiferten auf ihren Burgen, die sie in stattliche Herrensitze umgewandelt hatten, um die Gunst der Königin.

»Man konnte damit rechnen, zum Ritter geschlagen zu werden, falls man es nicht schon war, und man erhielt zuckersüße Komplimente aus königlichem Mund über die vorzügliche Bewirtung und das interessante Programm. Aber einen Monat lang hatte man sich mit Geflügelhändlern und Dichtern herumzuschlagen. Man traute sich kaum noch in sein eigenes Haus und logierte sich notdürftig in irgendeinem benachbarten Quartier ein. Dann fand man seine gepflegten Gärten und Terrassen von dem Gesindel, das mit dem Hof herumzieht, wie von einem Heuschreckenschwarm verwüstet. Und da man gewisse Eigenheiten des Hauses Tudor kannte, saß man die ganze Zeit auf Kohlen, ob nicht das königliche Antlitz sich doch ob eines wirklichen oder eingebildeten Mißstandes umwölkte und man statt der Komplimente bitteren Spott oder gar offenen Hohn zu spüren bekommen würde«, schildert der große Kenner der Tudorszene, Sir Edmund Chambers, die Kehrseite dieser Feste.

Nicht selten kam es vor, daß Adelige den Oberhofschatzmeister Lord Burghley anflehten, doch »zu helfen, daß Ihre Majestät nicht länger als zwei Nächte und einen Tag bleibt«.

Nicht so Graf Leicester. Seine »Festveranstaltung« währte drei liebe lange Wochen und wurde zum Jahrhundertfest.

Musikdarbietungen, Böllerschüsse, Festbankette, Theateraufführungen, Ansprachen, Feuerwerke, Turniere und Reiterspiele jagten einander.

Nach der aufregenden Bärenhatz kehrte die fröhliche Gesellschaft auf einer Waldlichtung zum fürstlichen Mahl ein. Der Königin bereitete es sichtliches Vergnügen, einer hübschen Ehrendame, die sich gerade eine Wildpastete schmecken ließ oder einem galanten Höfling einen verstohlenen Blick zuwarf, mit einem schwungvollen Bauerntanz wieder auf die Beine zu helfen – zu einer Weise mit Dudelsack und Pfeifen, die sie nicht einmal vom Hörensagen kannte. Aber die tastende Verlegenheit der ersten Schritte, die hochroten Wangen und der stockende Atem eines Höflings mittlerer Gunst wichen unter der energischen Führung Ihrer Majestät alsbald einer heiteren, ausgelassenen Stimmung.

Ein Königreich für ein Theater

Aber diese Sommerfeste hatten noch weit mehr zu bieten. Die Königin war ein Kind ihrer Zeit und hatte eine große Schwäche für die Antike; besonders vernarrt war sie in Maskenspiele und Allegorien. Da mußten sich die zeitgenössischen Dichter immer wieder etwas Neues einfallen lassen, um ihre hochgebildete, anspruchsvolle Monarchin zu amüsieren.

Da schwamm dann etwa der alte Meergott mit seinen fünf »grauköpfigen, bärtigen Tritonen« in einem eigens für diesen Zweck angelegten halbmondförmigen Teich mit drei künstlichen Inseln in Form eines Floßes, einer Festung und einer Schnecke. Die lustigen Wassermänner bliesen kräftig in ihre Muschelhörner. Und Gott Neptun zog ein Boot hinter sich her mit drei flötespielenden Jungfrauen, einer Nymphe und drei Sängern. Für das »Echo« dieser antiken Szene sorgten zwei weitere, entferntere Boote. Der Nymphe war es vorbehalten, der Königin zwei kostbare Schmuckstücke zu überreichen.

Ein genialer Einfall floß aus der Feder des Dichters Edmund Spenser (1522–1599) – natürlich im Auftrag von Günstling »Rob«, der ein Meister darin war, der Königin jeden Wunsch von den Augen abzulesen. In seinem Epos »Faerie Queene« huldigt er Elisabeth als Feenkönigin Gloriana, die nach der Artussage zwölf Ritter in die Welt ausschickt, um Abenteuer zu bestehen. Seinem Auftraggeber dachte er dabei die Rolle des Königs Artus zu.

Graf Leicester wog sich damals noch in der süßen Hoffnung, eines Tages die Königin samt der Krone heimzuführen. Aber diesem Günstling mit den tadellosen Manieren und der glänzenden Figur stand der Ehrgeiz zu deutlich im Gesicht geschrieben, und sein Versuch, sich amtlich in das Herz der Königin einzuschleichen, dürfte auch daran gescheitert sein.

Einmal schnitt sie die Urkunde der Ernennung zum Peer mit dem Federmesser entzwei, weil er sie in Abwesenheit von Burghley andauernd bevormundete. Erst Jahre später bekam er sie mit reichen Krongütern nachgeworfen, als er einen repräsentablen Heiratskandidaten für die Königinwitwe von Frankreich und Königin von Schottland, Maria Stuart, abgeben sollte. Diese Investition war umsonst. Maria Stuart bedankte sich für die Ehre, einen »abgelegten Liebhaber« der englischen »Bastardkönigin« angeboten zu bekommen. Trotz seiner Schattenseiten wußte Elisabeth jedoch genau, was sie diesem geistreichen Freund aus weniger glücklichen Tagen schuldete, mit dem sie zu jeder Tages- und Nachtzeit plaudern, dichten oder fechten konnte.

Ein leichtes Leben hatten die Höflinge, Hofdamen und Dichter an diesem Musenhof sicher nicht. Hatte die Königin in den frühen Morgenstun-

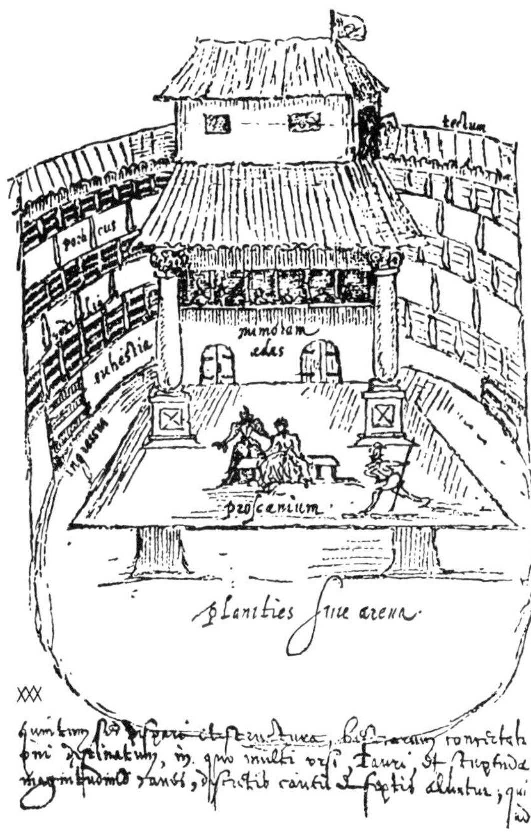

Grundtyp der elisabethanischen Bühne (das Swan-Theater) mit dem Rund als Nachbildung der Arenen für Bärenhatz; ansonsten standen die Gasthäuser Pate.

den eine brillante Idee, dann wollte sie schon am Abend etwas sehen. Die königliche Schauspieltruppe hatte gerade Zeit für ein paar Verständigungsproben, nachdem der Dichter die Szene quasi aus dem Stegreif, doch säuberlich in Reime gefaßt, aus dem Ärmel geschüttelt hatte. Schnell dichten gehörte zum Handwerk, und selbst ein Genie wie William Shakespeare hatte seine 33 Dramen und Komödien im Eiltempo von 20 Jahren auf die Bühne gebracht, seine Sonette und Epen nicht mitgerechnet.

Das königliche Mäzenatentum in der Tudorzeit brachte die ersten richtigen Ensembles auf die Beine, denn bis dato hatte es auch auf dem Kontinent keine einzige feste Bühne gegeben! Die Schauspieler der Wander- und Schmierenbühnen machten mit ihren Schlägereien und Saufgelagen die Provinz unsicher und betätigten sich nebenbei als Kesselflicker, Scherenschleifer, Wahrsager, Wunderdoktoren und Diebe. Sie standen etwa im gleichen Ansehen wie Abdecker, Prostituierte und Henker.

Elisabeth sorgte dafür, daß jetzt nur noch die »Leute des Grafen Pembroke«, die »Komödianten des Grafen Leicester« oder die »Schauspieler des Lord-Admirals« auf Wanderschaft gingen.

Der Wettkampf dieser Ensembles, die ihr Brot nicht mehr beim nächsten Dorfwirt erbetteln oder stehlen mußten, führte zur ersten Blüte der Schauspielkunst: das Theater, wie wir es heute kennen, feierte im Elisabethanischen Zeitalter seine Premiere.

Als Königin Elisabeth 1601 unter großem Pomp zum ersten Mal eine Theateraufführung in Blackfriars besuchte, ging eine Welle der öffentlichen Empörung durch ganz Europa: Eine Monarchin begab sich unter das zwielichtige Volk der fahrenden Sänger und Schmierenkomödianten! Das war im höchsten Maße unschicklich, doch Elisabeth scherte sich einen Teufel um die Meinung anderer Leute.

Um die Jahrhundertwende eroberte ein gewisser William Shakespeare mit seinem »Falstaff« ganz London. Die Königin lachte Tränen über diese komische Figur aus »Heinrich IV.«, denn es war kein Geheimnis, daß damit der Großkämmerer verulkt werden sollte, der als Puritaner die Protektion für die Burnage-Truppe verweigerte.

Die neue Dichtergeneration der Marlowe, Jonson, Shakespeare, Chapman, Drayton schaute dem Volk aufs Maul. Als verkrachte Maurer, Soldaten, Pagen und oft geniale Schauspieler taten sie sich damit nicht schwer. Sie hatten aus dem vollen geschöpft, sich im Wirtshaus geprügelt,

Rivalen erstochen, sich die Frauen gestohlen und auch Gefängnismauern von innen gesehen.

Bei der harten Konkurrenz, die sich die rund sechs Theaterhäuser gegen Ende des 16. Jahrhunderts in London lieferten, mußte vor allem das Stammpublikum bei Laune gehalten werden. Dafür sorgten nicht nur die deftige, volkstümliche Sprache und die schnell zunehmende Qualität der schauspielerischen Leistung, sondern auch hautnahe Stoffe. Das schmatzende, brüllende Volk im »Pool« honorierte denn auch die boshaften Karikaturen seiner Zeitgenossen – wie etwa des braven Lord Burghley als Polonius im »Hamlet« – mit großem Beifall.

»Hütet Euch vor einem Emporkömmling, einem Raben, der sich mit unseren Federn schmückt, der sich, ein Tigerherz in der Haut eines Schauspielers, für ebenso fähig hält, einen Blankvers auszuschmücken, wie der Beste von euch. Er ist ein rechter Hansdampf in allen Gassen, der sich einbildet, der einzige Bühnenerschütterer des Landes zu sein«, schmäht der Theaterdichter Robert Greene seinen Konkurrenten William Shakespeare.

Auch unter den Stückeschreibern war der Wettbewerb gnadenlos. Kein Wunder, daß der begabte Dramatiker ins Kreuzfeuer der Kritik geriet

William Shakespeare, der erfolgreichste und berühmteste Dramatiker der Weltliteratur

und am »Krieg der Dichter« keineswegs schuldlos war. Dieser Sohn eines Tuchmachers aus Stratford hatte sich in Kürze vom Komparsen zum Teilhaber des Globe-Theaters emporgearbeitet; und das zu einer Zeit, da ein Stück nur ganze vier bis acht Pfund brachte. Der Schreiber wurde mit einer einmaligen Summe abgefunden, das Opus war dann im Besitz der Truppe. Intrigen, Ideendiebstahl und Krawall gegen die Theaterbesitzer und Schauspieler waren an der Tagesordnung. Shakespeare mit seiner Doppelbegabung war bei dem enormen Bedarf an Stücken höchst willkommen, garantierte er doch ein volles Haus.

Letzten Endes verdankte das Elisabethanische Zeitalter diese Hochblüte des Theaters seiner Königin. Die Freundin der Musen hatte durch ihre humanistische Bildung, durch ihren Geschmack und das Mäzenatentum das denkbar günstigste Klima am Hof geschaffen – wer auf sich hielt, ging ins Theater, unterstützte Dichter und Schauspieler.

Der Aufstieg William Shakespeares fiel zwar erst in die späten Jahre Elisabeths, und doch hatte sie keinen geringen Anteil an seinem Lebenswerk: Damals auf dem Fest in Kenilworth war der elfjährige William aus dem benachbarten Stratford Zuschauer bei den Wasserspielen gewesen. Ein unvergeßlicher Eindruck für den Jungen und offensichtlich der Anstoß, sein unscheinbares Leben in der Provinz von Warwickshire mit dem Abenteuer eines Dichter-Schauspielers in London zu vertauschen.

Schon zu Lebzeiten wurde er der meistgespielte Autor und konnte sich auf seine alten Tage als hochangesehener reicher Mann in seiner Heimatstadt zur Ruhe setzen.

Freilich, Kultur und Kunstverständnis waren keineswegs nur jenen Leuten vorbehalten, die man dafür bezahlte. Königin Elisabeth verlangte sie von jedem, der an ihrem Hof Karriere machen wollte.

»Das Wunder der Epoche« wurde Sir Philip Sidney genannt. Dieser Ritter und Poet bereiste im Auftrag seiner Königin ganz Europa, befreundete sich mit großen Dichtern und Philosophen, studierte in Venedig die »neuen Wissenschaften« Geometrie und Astronomie. Heimgekehrt zückte er die Feder und lebte ganz der Dichtung auf dem Landgut seines Schwagers Graf Pembroke.

Die Sonette dieses feinsinnigen Günstlings der Königin wurden viel gerühmt und der Schäferroman »Arkadia« epochemachend für die Romanliteratur. Leider sorgte er selbst dafür, daß nur Fragmente dieses

Sir Philip Sidney, 31jährig in der Schlacht bei Zutphen gefallen. Er galt wegen seiner hohen Bildung und wegen seines Muts als Ideal eines Edelmanns der Tudorzeit.

Romans erhalten blieben, weil er den Rest als »minderwertig« vernichtete.

Doch Sir Philip Sidney war keineswegs nur ein Schöngeist, sondern er besaß auch einen »unbändigen Mut«. Weil sein Kommandeur wegen einer Verletzung ohne Beinschienen in die Schlacht reiten mußte, war es selbstverständlich für ihn, ebenfalls ohne diesen Schutz zu kämpfen. Er vereinigte in sich all jene Eigenschaften, die man von einem Adeligen aus ältester Familie in der Tudorzeit erwartete: höchste Tapferkeit gepaart mit höchster Bildung!

Auch sein Ende wurde Legende und Vorbild für Generationen: Daß er an der Seite der gegen die spanische Herrschaft kämpfenden Niederländer focht, war für ihn Ehrensache. Als er in der Schlacht bei Zutphen tödlich verwundet wurde, reichte er einem durstigen Soldaten noch im Sterben einen Becher Wasser mit den Worten: »Dein Bedürfnis ist größer als das meine.«

Sir Philip Sidney verkörperte ein Ideal, das Ideal einer sterbenden Epoche. Der Engländer der neuen Generation dachte anders: »Ich bewundere Edelleute vom Schlage eines Sir Philip Sidney, aber ich habe mir Sir Francis Drake zum Vorbild genommen.«

Piraten Ihrer Majestät

»Zwei Schiffe in Sicht!« ruft ein Soldat der Küstenwache in San Domingo auf Haiti seinem Kollegen zu.

»Na und?« gähnt der andere und schält vorsichtig ein halbweich gekochtes Ei. In der Karibik, im Zentrum Spanisch-Westindiens, passiert nie etwas, und man muß für jede Abwechslung dankbar sein. Aber nicht während der Siesta!

»Komisches Ding«, meint der Wächter nach einer Weile, »ganz niedriges Vorschiff . . .«

Der andere grunzt nur, während er von einer Hühnerkeule abbeißt.

»Santisima Madre! Ein rotes Kreuz auf weißem Grund!«

»Eng . . . länder?« Der zweite verschluckt sich an seinem Ei, Dotter tropft auf Halskrause und Wams.

Mit einem Sprung ist er auf den Beinen, stülpt sich den Helm auf den Kopf und poltert die Treppe des Wachturms hinunter, während er noch das Hühnerbein hinunterwürgt.

»Leutnant! Leutnant! Engländer!!« stürzen beide ins Wachlokal.

Der Leutnant läuft krebsrot an: »Fünf Tage verschärften Arrest! Ihr seid wohl wieder besoffen!«

»Aber nein!« schreien die zwei. »Es ist wirklich die englische Flagge. Das rote Georgskreuz auf weißem Grund!«

Der Kundschafter

Tatsächlich, es sind Engländer. Zwei Stunden später werfen sie im Hafen von San Domingo Anker.

Die Nachricht hat sich wie ein Lauffeuer verbreitet. Die ganze Stadt ist auf den Beinen; sogar der Vizegouverneur wollte sich die zwei versprengten Engländer hier in den spanischsten aller Hoheitsgewässer nicht entgehen lassen.

»Mut haben sie, diese Burschen«, meinen die einen. »Das wird sie den Kragen kosten«, sagen die anderen.

Der Herr Vizegouverneur, der dem militärischen Anlaß zuliebe seine rundlichen Formen in einen prächtig versilberten Halbharnisch gezwängt hat, mustert die Schiffe, die mit ihrer notdürftig geflickten Takelage reichlich mitgenommen aussehen.

Der Kapitän, der jetzt an Land klettert und sich als John Hawkins vorstellt, sieht mit seiner abgewetzten Kleidung und den eingefallenen Wangen nicht viel besser aus.

»Sir, wir sind in einen furchtbaren Sturm geraten und haben uns verfranst«, erklärt er in holprigem Spanisch. »Wir haben auch keinen Proviant mehr für die Mannschaft . . .«

Der Vizegouverneur dreht nachdenklich an seiner dicken goldenen Uhr. Irgendwie tut ihm der Bursche leid – und er gehört nicht zu denjenigen, die nicht auch einmal ein Auge zudrücken. Man kann die armen Teufel schließlich nicht verhungern lassen.

»Womit wollt ihr zahlen?« fragt er schon sichtlich gemütlicher.

»Wir haben ein paar Sklaven an Bord. Die könnten wir vielleicht zu Geld machen . . .«, meint der englische Kapitän schüchtern.

»In Ordnung«, brummt der Vizegouverneur. »Ausnahmsweise! Es ist immerhin eine Notlage. Wie viele habt ihr an Bord?«

»So etwa 300.«

»Ihr werdet verstehen, daß wir ein Drittel davon als Pfand behalten. Den Rest könnt ihr frei verkaufen«, gewährt der Statthalter »Seiner Allerkatholischsten Majestät« gnädig – sichtlich froh, daß die Sache damit erledigt ist. Zu seinem Sekretär brummt er noch: »Nehmt die Papiere auf und das Ganze zu Protokoll. Eine Abschrift an mich, eine an den König.«

Dann stolziert er ab, froh, endlich aus dem engen, heißen Harnisch herauszukommen.

Der Vizegouverneur hatte also grünes Licht gegeben. 100 Neger wurden als »Deposit« bei der königlichen Verwaltung »hinterlegt«, der Rest frei versteigert. Es war ein gutes Geschäft. Die Sklaven fanden reißenden Absatz, denn die Spanier brauchten dringend billige Arbeitskräfte. Der Erlös brachte bare Münze – und nicht zu knapp – und pralle Säcke mit Pfeffer und Indigo. Die beiden englischen Galeonen waren bis zum Rand

Sir John Hawkins. Er stieß als erster Engländer nach Westindien vor. Als Schatzmeister der Marine schuf er einen neuen Typ der Galeone, mit der die englische Flotte unschlagbar wurde.

gefüllt, wenn auch nicht mit Gold, so doch mit kostbarer fremdländischer Ware, als sie mit gutem Wind wieder in See stachen.

John Hawkins kehrte nach England zurück. Sein Freund Thomas Hopkins segelte nach Spanien, um auszukundschaften, ob sich dieser Handel auch an der europäischen Küste des Atlantik abwickeln ließe. Aber da geriet er an die falsche Adresse: Schiff und Ladung wurden ihm abgenommen, er selbst kam gerade noch mit dem Leben davon.

In Spanien war man nämlich keineswegs so gutgläubig wie in San Domingo: Der Sturm, der fehlende Proviant – das war doch ein ausgemachter Schwindel; und die Sturmschäden an der Takelage hatten die Engländer vermutlich selbst bei schönstem Wetter angebracht, um eine Ausrede zu haben, um schnüffeln und spionieren zu können. Und damit hatten die spanischen Behörden ausnahmsweise einmal richtig getippt.

Die Folge war ein spanisches Dekret, wodurch englischen Schiffen jeglicher Handel mit Westindien strikt untersagt wurde – gleichgültig, unter welchen Ausreden sie angesegelt kamen!

Unterdessen war John Hawkins im heimatlichen Hafen von Plymouth eingelaufen, und Königin Elisabeth gewährte ihm sofort eine streng geheime Privataudienz. Der gehorsame Kundschafter auf westindischen

Routen konnte ihr Erfreuliches berichten. Der Wunsch nach Kolonien in Übersee und fremden Rohstoffen, die Spanien bislang allesamt für sich allein beanspruchte, würde kein Traum bleiben. John Hawkins hatte sich gründlich umgeschaut und dabei festgestellt, daß Westindien keineswegs so gründlich bewacht wurde, wie die Spanier überall lauthals verkündeten. Gute Aussichten für die Zukunft Englands!

Merchant Adventures of England

Königin Elisabeth hatte eine gute Nase für tüchtige Leute, und dabei war es ihr völlig egal, welcher Herkunft sie waren. Hauptsache, sie hatten brauchbare Ideen. John Hawkins war zwar der Sohn eines Reeders – aber wie alle ihre großen Seeleute auch ein schlichter Bürger. Schon damals vor dem prasselnden Kaminfeuer in der großen Halle von Schloß Hatfield hatten sie die alte Idee von der Nordwestpassage heiß diskutiert. Aber nicht nur das. Da wurde von den Gewürzinseln im Indischen Ozean geschwärmt und von Anthony Jenkinson, der über Astrachan mit Persien Handel trieb und Wunderdinge aus Ostindien und China berichtete. John Hawkins hatte immer steif und fest behauptet, das westindische Monopol der Spanier sei eine ausgesprochen löchrige Angelegenheit!

Elisabeth besaß eine Schwäche für diese wagemutigen, unternehmungslustigen, einfallsreichen Burschen. Nicht nur, weil sie in ihrer Gegenwart kräftig fluchen konnte; mehr noch, weil sie selbst eine verkappte Abenteurerin war. Auch sie träumte den »goldenen« Traum der Inselbewohner von der Weltherrschaft über die Meere. Warum sollte man dem Riesenreich der Habsburger eigentlich alles überlassen? Hatte nicht das Inselvolk der Engländer genausoviel Anrecht auf Eroberungen, Entdeckungen und Kolonisierung fremder Kontinente? Es gab auch schon eine kleine Organisation, die Schiffe und Kapitäne für die Realisierung solcher Träume bereitstellten, die »Merchant Adventures of England«. Hier saßen sie alle beisammen, die Spanien bald das Gruseln lehrten.

Nun hielt Elisabeth also den Beweis für Hawkins' Theorie in Händen: An der etwa 10000 Kilometer langen Küstenlinie der Karibik und des Golfes von Mexiko gab es nur neun Häfen mit spanischen Festungen! Das übrige Land, ein riesiger Doppelkontinent, war praktisch frei zugänglich.

Spanische Galeone. Mit solch gewaltigen, aber schwerfälligen Schiffen versuchte Spanien sein Weltreich zu verteidigen.

Das ließen sich die englischen Kaufleute, Kapitäne und Seeräuber nicht zweimal sagen!

Damit begann unter englischer Flagge eines der tolldreistesten, kühnsten und provozierendsten Kapitel der Seefahrt, das Schwager Philipp II. über Jahre in Atem hielt; er ahnte nicht einmal, daß diese Attacken ein abgekartetes Spiel waren.

Der Kundschafter Hawkins hatte seine Streitgefährten mit ausgezeichneten Informationen versorgt. Die englischen Abenteurer setzten sich mitten in der Höhle des Löwen fest: auf Jamaika, den Bahamas und an der nordamerikanischen Ostküste. Von dort starteten sie ihre Beutezüge und hielten Ausschau nach Rohstoffquellen und Kolonien. Nebenbei kaperten sie dicke Gold- und Silbergaleonen der Spanier, luden oft der Einfachheit halber die Goldbarren gar nicht mehr um, sondern segelten mit den erbeuteten spanischen Schiffen direkt gen England, nachdem sie ihre Besatzung an einem einsamen Inselstrand abgesetzt hatten.

Dieses muntere Treiben hatte zweifelsohne einen sehr politischen Hintergrund. Seit Elisabeth ihrem Schwager Philipp einen Korb gegeben hatte, war abzusehen, daß der spanische König irgendwann versuchen würde, seine Anrechte auf den englischen Thron mit Gewalt durchzusetzen. Elisabeth wußte sehr genau, daß die Spanier eines Tages eine Invasion in England versuchen würden.

Um dem zu begegnen, brauchte sie eine gute Marine. Aber gerade daran haperte es. Mit der längst verrotteten Flotte ihres Vaters Heinrich war nicht mehr viel Staat zu machen, die Mißwirtschaft der Geschwister hatte ein übriges getan. Es fehlte vorläufig an Geld, um mit der wachsenden spanischen Rüstung auch nur einigermaßen Schritt zu halten.

Die Plünderungswellen in der Karibik hatten vor allem zum Ziel, die Spanier abzulenken und zu schwächen und einen spanischen Angriff so lange hinauszuzögern, bis Elisabeth zu seiner Abwehr gerüstet war.

Während Hawkins und Co. mit ihren Beutezügen alles in den Schatten stellten, was sich ein gutgläubiger Christ spanischer Denkungsart vorstellen konnte, verstand es Elisabeth immer wieder, ihren Schwager Philipp zu täuschen. Und Philipp wollte einfach nicht glauben, daß seine »brave« Schwägerin an all den Überfällen in der Karibik schuld sein sollte. Sie war eben nur ein »schwaches Weib«, das mit diesen hartgesottenen Schurken nicht fertig wurde . . .

Und dann kam gar die liebenswürdige Einladung an Philipp, doch seine Kriegsflotte in die englischen Gewässer zu entsenden.

Elisabeths engster Berater Lord Burghley stand kopf. Das konnte einfach nicht gutgehen! Alle Welt wußte doch, daß hinter den zahllosen Mordanschlägen auf die Königin die Spanier steckten, und jetzt, da sie sich gerade von den Pocken erholt hatte, wagte sie ein Experiment, das sie Kopf und Kragen kosten konnte. Aber die Königin blieb fest.

Als die pompöse spanische Kriegsflotte in den Hafen von Plymouth rauschte, gab es ein höfliches »Keep smiling« auf beiden Seiten. Natürlich waren auch die kleinen, schmalbrüstigen Galeonen der Engländer zur Stelle, sehr zur Erbauung der spanischen Admiralität, die stolzgeschwellt von dieser Parade heimsegelte. Ganz offensichtlich hatte man kein Geld für die Marine. Und von Schiffbau verstand man auch nichts . . .

Dieser Eindruck war genau im Sinne Elisabeths. Sie wollte den spanischen König in absoluter Sicherheit wiegen. Und tatsächlich war Philipp felsenfest davon überzeugt, daß diese lumpigen englischen Schiffchen für die spanische Prachtflotte kein ernst zu nehmender Gegner sein würden.

Die goldenen Hände

In einem hatte Philipp recht. Es war kein Geld da. Die finanzielle Erbschaft, die Elisabeth angetreten hatte, bestand in einem Minus von 200 000 Pfund. Als sie das Sterbezimmer ihrer Schwester Maria betrat, muß ihr das kalte Grausen gekommen sein. Überall lagen Schuldscheine herum; sogar den Leichnam hatte man damit einbalsamiert, weil man möglichst dickes Papier brauchte, um das Wachs auf den Leib streichen zu können . . .

Der Schuldenberg drückte außerordentlich. Es blieb ihr nichts anderes übrig, als sofort Anleihen in Antwerpen aufzunehmen. Aber woher die Tilgungsraten nehmen? Doch auch hier bewies Elisabeth »goldene Hände«.

Als weise Monarchin ging sie mit gutem Beispiel voran und senkte ihre eigenen Ausgaben drastisch um fast die Hälfte. Dabei hatte sie aus ihrem jährlichen Einkommen aus Zöllen, Krongütern und dergleichen nicht nur den Troß von rund 1000 Bediensteten samt Verköstigung und Kleiderpark zu bestreiten, sondern auch für die Beamten und die Kosten der Innenpolitik aufzukommen, sofern nicht der Adel in seine eigene Tasche griff – wozu Elisabeth den Herren reichlich Gelegenheit gab. Eine Ausnahme machte die Außenpolitik – die Finanzierung von Kriegszügen, Festungen, von Flotte und Finanzhilfen an Bündnisländer. Hier konnte sie sich an das Parlament wenden, das dann das Volk über Steuern zur Ader ließ.

Davor allerdings scheute sich die Königin, wenn ihr auch oft keine andere Wahl blieb – etwa als sie den Aufstand der Niederländer gegen die spanische Herrschaft finanzierte oder in den Jahren unmittelbar vor dem Angriff der »unüberwindlichen« Armada.

Doch mit Sparen allein war es nicht getan. Schon in den ersten Jahren ihrer Regierung verstand es Elisabeth, die gesamte Wirtschaft wieder anzukurbeln – vom Kohlebergbau über das Fischereigewerbe bis zum Tuchhandel. Die doppeltbreiten schwarzen Tuche aus Devonshire, Manchester und Yorkshire wurden auch auf dem Kontinent zum »Goldenen Vlies«, was sich offenbar bis in die Bankhäuser Antwerpens herumsprach. Denn Elisabeth erhielt für ihre Anleihen nur 8% Zinsen aufgerechnet, während Philipp mit seiner einseitigen Wirtschaftspolitik – er steckte praktisch das gesamte Staatsvermögen ins Militär und in die Flotte – ganze 18% hinlegen mußte.

Elisabeth fuchste um jeden Penny, und es gab Tage, da hätten ihre Minister das Wort »Geld« besser nicht in den Mund genommen. Aber das ließ sich nicht vermeiden. Die Wirtschaft mußte schnellstens auf Vordermann gebracht werden. Kein leichtes Stück, denn Korruption, Bestechung, Ämterkauf, Finanzschiebungen großen Stils waren in der Renaissance an der Tagesordnung.

Als die Königin anordnete, jeder Engländer habe einen Filzhut zu tragen und dreimal in der Woche Fisch zu essen, hatte sie zwei Erwerbszweigen wieder auf die Beine helfen wollen. Die ganze Nation ächzte bald unter den Fischen, nur der Hof nicht. Der Aufkäufer in Sussex hatte bei den Fischern wegen seiner säumigen Zahlungen einen so schlechten Ruf, daß ausgerechnet Ihre Majestät auf Schellfisch und Seezunge verzichten mußte. Aber auch wenn die heimische Wirtschaft sich prächtig erholte, konnte das doch nicht darüber hinwegtäuschen, daß größere Geldquellen erschlossen werden mußten. Eine brauchbare Marine war teuer!

Die Staatspiraten

Seit gut zehn Jahren gab es die »Merchant Adventures of England«, eine Gruppe unternehmungslustiger Kaufleute. Elisabeths enger Freund Humphrey Gilbert gehörte auch dazu. Vermutlich waren die Kapitäne unter ihnen auf die glänzende Idee gekommen, eine Handelsflotte aufzubauen, die sich weitgehend selbst finanzierte – nämlich durch Aktien. Das Dreiergespann Elisabeth, John Hawkins und Lord Charles Howard ging daran, aus diesen Anfängen ein straff durchorganisiertes System zu entwickeln. Wer Rang, Namen und Geld hatte, kaufte sich Aktienbriefe und war so am Gewinn der Handels- und vor allem der Kaperfahrten beteiligt. Jeder, der Kapitän mit seiner Mannschaft wie auch die Krone und die Aktionäre, war prozentual am Gewinn beteiligt. Das System funktionierte ausgezeichnet; das fing beim bekannten Schiffsbaumeister an und endete beim kleinsten Matrosen; denn nur hoher Einsatz konnte auch hohen Gewinn bringen!

Auf diese Weise wurden die ersten »Staatspiraten« geschaffen: Im eigenen Land hatten sie den Status von Offizieren, und auf ihren Fahrten führten sie einen Kaperbrief der königlichen Regierung mit, der sie zu halbamtlichen Seeräubern deklarierte. Freilich diente dieser Schrieb mehr der persönlichen Sicherheit, denn bevor ein geschnappter Staatspirat sich an der nächsten Rah aufknüpfen ließ, wollte er doch noch ein bißchen mit Lösegeld locken . . .

Selbstverständlich standen die königlichen Werften, Kanonengießereien und Pulvermühlen allen Schiffskapitänen, Freibeutern, Staatspiraten und Abenteurern zur Verfügung. Anfangs unterstützte die Königin ihre Marine mit etwa 10000 Pfund jährlich. Das war ein Tropfen auf den heißen Stein, aber damit ließen sich die heruntergekommenen Werften renovieren und instand halten. Als die Invasion der Spanier immer näher rückte, pumpte Elisabeth jährlich ein Vielfaches in ihre Flotte. 1586 waren es 30000 Pfund, im Jahr der Armada, 1588, waren es sogar 153000 Pfund.

Das waren ganz gezielte Investitionen, denn es fehlte nach wie vor an guten Schiffen, und für eine Galeone fielen runde 4000 Pfund Baukosten an. Und für Mannschaft, Verpflegung, Munition, Ausrüstung, Instandhaltung und Reparaturen durfte man jährlich pro Schiff nochmals mit

Englische Galeone. Schlanker, wendiger und besser bewaffnet, wenn auch kleiner, waren diese Schiffe den Spaniern weit überlegen. Hier die »Revenge«, Drakes Flaggschiff in der Armadaschlacht

etwa 1000 Pfund rechnen. Das waren Kosten, die man nun getrost den Herren Staatspiraten aufhalsen konnte.

Und noch einen Vorteil konnte Elisabeth mit ihren Staatspiraten für sich verbuchen. In den gefährlichen Gewässern der Karibik wurden Menschen und Material unter schwierigsten klimatischen Bedingungen und in harten Gefechten einer gnadenlosen Prüfung unterzogen.

Die schweren Vorderkastelle der klassischen Galeonen drückten den Bug der Schiffe zu tief ins Wasser, sie waren dadurch langsam und schwer zu manövrieren. Noch während ihrer Kaperfahrten ließen darum viele Kapitäne diese wuchtigen Kastelle abbrechen, warfen sie »in den Bach« und bauten die Schiffe noch auf See um. Aus diesen und ähnlichen Erfahrungen wurde in den staatlichen Werften mit wissenschaftlicher Genauigkeit ein vollkommen neuer Schiffstyp entwickelt. Hier war es wieder John Hawkins, der als neuer Schatzmeister der Marine die gesamten königlichen Werften ummodelte. Es war sein Einfall, den Unterwasserrumpf der Schiffe der Fischform anzugleichen und dadurch eine größere Wendigkeit und Beweglichkeit zu erreichen.

So entstanden die typischen englischen Galeonen mit dem niedrigen Vorderkastell und einem Rumpf von optimaler Stromlinienform, die an Schnelligkeit und Wendigkeit den hohen, breiten, schweren Riesen der Spanier haushoch überlegen waren. Auch die Bewaffnung wurde restlos umgekrempelt. Die Zahl der Geschütze wurde zugunsten einer höheren Takelage drastisch reduziert; dafür erreichten die Kugeln aus den langen Rohren der Culverins die spanischen Schiffe bereits, wenn deren dicke Brocken noch auf zwei drittel Entfernung ins Wasser platschten. »Lieber einen langen Arm als eine grobe Faust« wurde zum Leitsatz.

Was in diesen neuen Schiffen wirklich steckte, bewies am eindrucksvollsten die »Revenge« unter dem eisernen Haudegen Greynville. 1591 hielt sie sich ganz allein gegen 53 spanische Kriegsschiffe volle zwölf Stunden, versenkte vier Gegner und strich die Flagge erst, als alle Munition verschossen war.

Aber so schön die Sache in der Karibik auch lief, ihren Traum von der Nordwestpassage im Norden Amerikas vom Atlantik zum Pazifik mußten die Engländer 1577 endgültig begraben. Der Seeräuber Martin Frobisher brach die Suche ab, als er nach zwei Jahren nur auf Grönland gestoßen war. Die Nordwestpassage lag demnach viel zu hoch im ewigen

Der »eiserne« Sir Robert Greynville. Aus alter Normannenfamilie, ein höchst erfolgreicher Pirat unter Elisabeth

Eis; nicht einmal ein Absatzmarkt für englische Tuche und Schafwolle ließ sich bei den Eskimos aufziehen. Alles in allem, den höchsten Norden Amerikas konnte man getrost vergessen.

Die Lockung des Pazifik freilich blieb . . .

El Draque

»Dieser Engländer nennt sich Francis Drake; er ist ungefähr 38 Jahre alt, von kleiner Statur und sehr robust. Seine ganze Haltung ist vornehm, sein Gesicht macht einen frischen Eindruck, ein schöner Bart gibt ihm ein gutmütiges Aussehen. An der rechten Backe ist eine Narbe sichtbar, die von einem Pfeilschuß herrührt. An seinem Bein hat er eine weitere Schußverletzung, die er einst in Westindien von einem Armbrustschuß davontrug.« So schildert ein spanischer Kapitän den englischen Staatspiraten.

Als Francis Drake am 13. Dezember 1577 mit der »Pelican« und vier weiteren Schiffen auslief, war er den Spaniern kein Unbekannter mehr. Sie nannten ihn längst »El Draque«, und obwohl man zur Beruhigung dem spanischen Gesandten in London die Fahrt als Suche nach der sa-

Sir Francis Drake. Der genialste Staatspirat Königin Elisabeths. 1577 bis 1580 umsegelte er die Welt. Nach seinen taktischen Plänen wurde die Armada vernichtend geschlagen.

genhaften »Terra Australia« deklarierte, schoben die spanischen Soldaten monatelang rund um die Karibik doppelte Wachen – zu ihrem Erstaunen vergeblich.

In Wirklichkeit hatte Drake Kurs auf die berüchtigte Magellanstraße genommen. Im gefährlichsten Windloch des Erdballs verliert er vier Schiffe: zwei hatte man schon vorher aufgegeben, die »Marygold« strandete auf den Klippen von Feuerland, die »Elisabeth« trieb so weit ab, daß ihr Kapitän umkehrte. Er verkündete überall in England, Drakes Schiff sei »mit Mann und Maus gesunken«. Auf Drakes eigenem Schiff bricht eine Meuterei aus; er muß seinen besten Freund köpfen lassen, um die Mannschaft zur Raison zu bringen. 52 Tage lang kämpft Drake mit dem Sturm, doch dann ist es geschafft, er ist im Pazifik!

»Dann segelten wir nach Arica. Dort stießen wir auf drei Segelbarken, die wir vollständig ausplünderten. Am 13. Februar kamen wir vor Lima an, und als wir dort in den Hafen einliefen, sahen wir zwölf Schiffe und Segelbarken vor Anker liegen. Sie waren auch bisher niemals durch einen Feind beunruhigt worden. Aber an diesem Tag fing derlei für sie an, denn unser Admiral plünderte, was immer ihm nur gefiel.

Aber das schönste war, daß er Kunde von einem anderen Schiff namens

›Cacafuego‹ erhielt, das, beladen mit einem großen Schatz, nach Panama segelte. Dies war der Grund, warum er sich entschloß, ihm nachzusetzen, was die Segel hielten.«

Außer einem Zentner Gold und 1770 Krügen mit Wein schleppten die Engländer einen griechischen Lotsen ab, der ihnen künftig sehr nützlich sein würde.

Eigentlich hieß das Schiff »Nuestra Señora de la Conception«, aber seine schwere Bewaffnung hatte ihm den Spitznamen »Cacafuego« eingebracht: Feuerspeier. Dieser Feuerspeier hatte den jährlichen Ertrag der Silber-, Gold- und Edelsteinminen von den Küsten Chiles, Perus und Ekuadors nach Panama zu bringen. Der »Cacafuego« hatte zwar 14 Tage Vorsprung, aber er war schwer beladen. Der Abstand wurde immer kürzer, die Spannung wuchs.

»Eine Goldkette für denjenigen, der als erster den ›Cacafuego‹ sichtet!« versprach Francis Drake.

»Die Kette gehört mir!« schrie der kleine Vetter und Page des Kommandanten laut. Bald hockte er in der obersten Mars und hielt angestrengt Ausschau nach Norden.

»Da ist sie!« schrie er und zeigte auf eine prächtige Galeone, die vier Meilen voraus tief im Wasser liegend durch die See pflügte. Es war der Nachmittag des 1. März 1579.

Gegen sechs Uhr abends salutierte die »Golden Hind«, wie Drake sein Schiff inzwischen umgetauft hatte, mit den drei üblichen Kanonenschüssen.

Der spanische Kapitän Don Francisco Zapate lachte laut auf und rief: »Engländer im Pazifischen Ozean? Wer ist dieser Spaßvogel? Der Kapitän eines Versorgungsschiffes?« Es war auch wirklich nicht zu fassen: Die Magellanstraße und Kap Horn galten als unpassierbar, und vom Himmel konnten die Engländer wohl nicht gefallen sein.

Doch als sich die ersten Kugeln krachend in den Großmast bohrten, fuhr dem Spanier der Schreck so tief in die Knochen, daß er schleunigst die Flagge strich.

Francis Drake war ein galanter Sieger. Er lud Don Zapate in seine Kajüte ein, bewirtete ihn reichlich und schenkte ihm zum Abschied eine goldene Kette mit der Gravur »Francisco Drake«.

26 Tonnen Silber in Barren, 13 Kisten gemünztes Silber, 80 Pfund

So etwa muß die »Golden Hind« Drakes ausgesehen haben.

Gold, Truhen voller Edelsteine, Juwelen und Perlen sowie Waren im Wert von über 200 000 Pfund waren die fette Beute. Vier Tage schufteten die Engländer unter sengender Sonne, um die Schätze des Feuerspeiers auf die »Golden Hind« umzuladen.

Wenige Tage später flog die Schreckensmeldung die Küste entlang: »El Draque ist im Pazifik!« Zwei Kriegsschiffe wurden losgejagt, um ihn zu fangen; so überstürzt allerdings, daß das eine den Proviant, das andere die Munition vergaß . . .

Francis Drake segelte unterdessen seelenruhig nach Norden, nahm unterwegs ein paar Schiffe mit und hatte nochmals unbeschreibliches Glück: Ihm fielen nicht nur zwei ausgezeichnete Lotsen in die Hände, sondern auch wertvollstes Kartenmaterial sowie Skizzen des Pazifik und des Chinesischen Meeres bis hin zu den Molukken – alles spanische Staatsgeheimnisse, die er nun auszuwerten gedachte.

Die »Golden Hind« war brechend voll beladen, man mußte langsam an die Heimreise denken. Doch noch einmal die Magellanstraße mit ihren Stürmen und dazu die spanischen Kriegsschiffe, die dort gewiß auf der Lauer lagen? Drake entschied sich anders. Er segelte die kalifornische Küste entlang, machte halt beim heutigen San Francisco, segelte weiter hinauf bis Alaska. Anschließend wechselte er auf die Westseite des Pazifik, streifte Japan, vorbei an Indochina, durch den Indischen Ozean, um Afrika herum heimwärts nach England.

Am 20. November 1580 lief die »Golden Hind« nach einer weltweiten Odyssee von drei Jahren im Hafen von Plymouth ein, als sei das die selbstverständlichste Sache der Welt. Kein Engländer hatte mehr zu hoffen gewagt, sie je wiederzusehen; viele Aktionäre hatten ihre Anteile längst verkauft – und jetzt war sie da! Randvoll mit Schätzen, die ihren Aktionären 4700% Gewinn brachten.

Bei der Meldung: »Drake ist zurück, er hat die ganze Welt umsegelt, als erster Engländer hat er die Welt umsegelt!« soll Elisabeth buchstäblich aus dem Bett gesprungen sein, ihr Morgenkleid umgeworfen und die Räte gerufen haben. Die Tränen seien ihr übers Gesicht gelaufen: »Drake ist wieder da, er ist nicht umgekommen! Auf allen Meeren ist er gefahren!«

Ganz London war erwacht, ein ungeheurer Tumult erhob sich vor dem Palast. Die Räte zitterten: »Um Gottes willen, die Spanier! Die Boten sagen, Drakes Schiff sei bis zum Rand beladen mit Schätzen. Man darf die spanischen Gesandten nicht mit Jubelgeschrei über den Mann reizen, der Philipps Schiffe versenkt, seine Häfen geplündert, unübersehbare Schätze entführt hat!«

Aber jetzt will Elisabeth nicht zurück, zum Teufel mit aller diplomatischen Vorsicht!

Am 4. April 1581 befiehlt die Königin persönlich den Nationalhelden Francis Drake auf die »Golden Hind«, die man zu den Trockendocks nach Deptford Yard in die königliche Werft überführt hat.

Francis Drake hat sich mit seinen 51 Kameraden mächtig in Schale geworfen, als Elisabeth in einem wahren Prunkgewand über die teppichbedeckten Planken der »Golden Hind« rauscht, gefolgt von ihrer Admiralität, den Ministern und Gesandten – mit Ausnahme des spanischen natürlich – und den Hofdamen.

Der Seeheld beugt ehrerbietig das Knie.

»Ich habe ein großes Schwert mitgebracht, um Euch den Kopf abzuschlagen«, droht die Königin lachend.

Elisabeth hebt das Schwert und schlägt Francis Drake zum Ritter!

Danach führt Sir Francis die Königin auf dem Schiff umher, und anschließend feiert man an einer prächtig gedeckten Tafel auf dem Großdeck bei Labskaus und echt peruanischem Wein die erste Weltumseglung eines Engländers.

Hunderttausend Teufel

»Die Frau hat hunderttausend Teufel im Leib, sie ist aus Falschheit und Eitelkeit zusammengesetzt!« wetterte der spanische Gesandte, Bischof Quadra, über Elisabeth.

Philipp mögen ähnliche Gefühle bewegt haben, als er den Bericht vom Ritterschlag an Bord der »Golden Hind« las, und kaum hatte er sich von dieser Attacke erholt, flatterte schon der nächste Rapport seines Londoner Gesandten nach Madrid:

»Dieser Tage ist der Kapitän Cavendish aus Peru zurückgekehrt. Er gab der Königin ein Bankett auf seinem Schiff und erzählte des langen und breiten von seinen angeblichen Heldentaten. Seine Beute ist zweifellos beträchtlich, denn der Speisesaal war mit gold- und silberdurchwirkten Stoffen dekoriert, jeder Matrose hatte eine goldene Kette um den Hals, die Segel waren aus blauem Damast und die Standarten verschwenderisch gestickt. So muß einst Kleopatra gereist sein! Es fehlten nur die Taue aus Seidengarn. Die Königin soll erklärt haben: Der König von Spanien ist ein Hund, der nur bellt, aber nicht beißt. Ich bekümmere mich nicht darum, solange er seine Schiffe für mich mit Gold und Silber belädt.«

Der Bericht von Drakes Weltumseglung hatte dem Studenten aus Cambridge, Thomas Cavendish, keine Ruhe gelassen. Er folgte der Route seines großen Vorbilds, hatte die gleichen Plätze angelaufen, ähnliche Beute gemacht und schließlich zu Hause an Deck seines Schiffes wie Drake den Ritterschlag erhalten.

König Philipp kochte vor Wut. Diese Seebanditen untergruben das Ansehen der spanischen Flotte und stahlen ihm Silber und Gold, das so dringend nötig war, um die völlig verfahrene Wirtschaft Spaniens überhaupt noch am Laufen zu halten. Und die englische Königin hielt ihn vor aller Welt zum Narren!

Aber er würde es ihnen schon zeigen! Ein neues Dekret ging vom Escorial nach Westindien: Kein Handel mit den Engländern! Kein englisches Schiff darf einen spanischen Hafen anlaufen!

Für die englischen Staatspiraten war das Dekret eine glatte Herausforderung. Jetzt wollten sie doch sehen, wie Seine Allerkatholischste Majestät diese Befehle durchzusetzen gedachte ...

Im Sommer 1585 segelte die Elite der englischen Staatspiraten – Sir Francis Drake, John Hawkins, Martin Frobisher und Robert Greynville – mit 25 Schiffen nach Westindien.

»Am 5. September wurde San Jago geplündert, dann kamen San Domingo und Cartagena an die Reihe, auf der Rückreise ein spanisches Fort an der Ostküste Floridas, und am 28. Juli 1586 legte die Flotte ohne nennenswerte Verluste, dafür aber mit ungeheurer Beute wieder in Plymouth an.«

Ein Jahr später ist »El Draque« schon wieder unterwegs – diesmal direkt nach Spanien. Die spanische Invasion stand vor der Türe, und Sir Francis gedachte sie zumindest ein wenig zu verzögern.

Auch der spanische Botschafter bekommt von der Sache Wind, wird bei Elisabeth vorstellig, schimpft, brüllt, klagt und – die Königin greift tatsächlich zum Gänsekiel, kritzelt den strengen Befehl an ihren Seehelden aufs Papier, unverzüglich jede feindliche Handlung gegen Spanien zu unterlassen. Der Gesandte ist befriedigt – bis er erfährt, daß der Brief Drake angeblich nicht mehr erreicht hat, weil er schon auf See war.

Was Sir Francis Drake dann im Hafen von Cadiz anrichtete, war eine glatte Unverschämtheit: Er versenkte und verbrannte 33 spanische Kriegsschiffe und entführte vier weitere.

Wenig später steht der siegreiche Staatspirat vor seiner Königin.

»Ich habe Euch doch befohlen, unverzüglich zurückzukehren!« donnert Elisabeth Sir Francis an.

»Ich . . . ich«, versichert Drake zutiefst ergeben. »O Majestät, ich habe diesen Befehl nie erhalten!«

Schlimm, sehr schlimm die Sache in Cadiz, aber leider ein Fall von »höherer Gewalt«. Daß Königin Elisabeth und Sir Francis Drake nach dem Abgang des spanischen Gesandten in schallendes Gelächter ausgebrochen sein sollen, spricht für sich.

Der neue Stern

Graf Leicester ist verärgert. Ausgerechnet heute, wo ihn wieder einmal das Zipperlein plagt, die Galle sticht und die Beine nicht so recht wollen, muß er wieder so eine Inspektion in der königlichen Werft von Deptford Yard mitmachen. Die Königin war nicht kleinzukriegen! Gestern nacht hatte sie wieder eine Pavane getanzt wie das jüngste Hoffräulein, elegant und geschmeidig; dabei ist sie inzwischen ja auch 48 Jahre alt. Und er muß sich von ihr auch noch zuflüstern lassen: »Roby, du tanzt heute wie ein Mehlsack!«

Schmeichelhaft war das nicht, aber die Jahre fordern halt ihren Tribut: die grauen Schläfen, die Gicht, der Leib . . .

Wie üblich muß die Königin ihren ganzen Hofstaat wie einen Kometenschweif hinter sich herziehen nach Deptford Yard: als ob man nicht diese neuen Galeonen des John Hawkins langsam in- und auswendig kennte! Und dazu noch diese Komplimente:

»Oh, mein Lieber! Sieben neue Galeonen. Das ist eine gute Zahl!«

»Es war mir ein Vergnügen, Majestät! In den Docks warten bereits sieben weitere.«

Gleich würde sie diesem Seeräuber die Wange tätscheln!

Und während Königin Elisabeth die neuen Schiffe bewundert, sich jede Einzelheit erklären läßt, ist Graf Leicester derart mit seinem Ärger und seinem Mißmut beschäftigt, daß er gar nicht bemerkt, wie diese vertrottelten Träger die königliche Sänfte genau neben einer großen Pfütze abstellen.

So kam es, daß ein schmucker Edelmann mit einer romantischen Geste zum gefürchteten Rivalen wurde. Geistesgegenwärtig reißt er sich seinen Brokatmantel vom Leib, um ihn der Königin vor die Füße zu breiten –

Sir Walter Raleigh, eleganter Höfling und Rivale Leicesters. Er gründete die erste englische Kolonie in Nordamerika, »Virginia«.

natürlich über die hinderliche Pfütze. Elisabeth ist sehr angetan von dem artigen jungen Mann, der sich tief verneigt, während ihm die Königin huldvoll zulächelt.

Walter Raleigh hieß der galante Herr.

Graf Leicester hat ihn zwar protegiert, aber wohlweislich nie der Königin vorgestellt. Und nun hatte dieser Kerl selbst dafür gesorgt, daß die Königin ihn nicht so bald vergessen würde.

Elisabeth ist begeistert! Umgehend macht sie den jungen Raleigh zum Befehlshaber der königlichen Leibwache. Und während Graf Leicester schmollend auf seinen Gütern sitzt, steigt Walter Raleigh auf zum »Juwel in der Krone der Königin«.

Am 27. April 1584 nimmt Walter Raleigh im Auftrag der Königin mit zwei von ihm erbauten Schnellseglern Kurs auf Nordamerika und gründet die erste englische Kolonie: »Virginia«.

Abgesehen von den Tabakvorkommen war diese erste Kolonie vorläufig zwar herzlich unergiebig, aber was machte das schon. England hatte seinen ersten Vorstoß als Kolonialmacht gewagt – und geschafft!

Die glücklose Konkurrentin

Ein ohrenbetäubender Donnerschlag, Zischen, Krachen und Bersten. Die Edinburgher Bürger fahren entsetzt aus den Betten und stürzen auf die Straße.

»O Gott! O Gott! O Gott!« zetert die alte Miss Jane, die noch ihr Nachthäubchen auf dem Kopf hat, und der alte McGregor, der einmal bei den Soldaten gewesen ist, brüllt »Zu den Waffen!« und fuchtelt mit einem rostigen Schwert herum, während er aufgeregt in Pantoffeln die Gasse hinunterschlurft.

»Feuer! Feuer in Kirk o' Field!« schreien zwei vorwitzige Jungen, die auf ein Hausdach geklettert sind, um besser sehen zu können.

»Der Herr läßt Feuer und Schwefel niederregnen auf die Sünden dieser Stadt wie weiland auf Sodom und Gomorrha!« wettert der Prediger Reginald Master und hastet im flatternden Nachtgewand hinter den anderen her nach Kirk o' Field vor den Stadtmauern von Edinburgh. Sie stolpern über verkohltes Holz, Glasscherben, Steine und Mörtelbrocken, Bruchstücke alter Holzfässer.

Das ganze Haus ist ein riesiger Trümmerhaufen. Rauchschwaden ziehen durch die Luft, an manchen Stellen züngeln noch Flammen. Langsam drängen die verstörten Bürger Edinburghs mit Fackeln und brennenden Kienspänen näher.

»Das riecht verdammt nach Pulver!« knurrt der alte McGregor mit Kennermiene.

Am nächsten Morgen weiß es bereits die ganze Stadt: König Darnley hat man in die Luft gesprengt! Seine Leiche wurde in einem benachbarten Garten gefunden – erwürgt!

Und wer ist der Mörder? Gewiß kein anderer als Graf Bothwell, der Geliebte der Königin!

Doch wo ist die Königin überhaupt? Am frühen Abend hatte sie ihren kranken Gemahl noch besucht, und dann war sie unter dem Geleit ihrer Fackelträger zu einer Hochzeit nach Holyrood entschwunden.

Maria Stuart

Dieser 10. Februar 1567 war der häßliche, grausame Schlußakkord der zweiten Ehe Maria Stuarts mit Lord Darnley. In Schottland, England und Frankreich war man entsetzt über die Botschaft aus Edinburgh. Der Königsmord verlangte nach Sühne – aber nichts geschah.

Maria, die Königin von Schottland, war eine typische Stuart: eine Traumtänzerin, schnell verliebt, schnell vergnügt, schnell enttäuscht . . .

Ihr Leben hatte als Spiel begonnen. Mit sechs Jahren kam sie an den französischen Hof und heiratete 1558 den Dauphin, den Kronprinzen von Frankreich. Ihr Leben bestand aus Tanz und Spiel, Musik und Jagd bis zum frühen Tod ihres Gemahls Franz II. am 5. Dezember 1560.

König Jakob V. von Schottland, der Vater Maria Stuarts. In der Hand hält er das schottische Banner: der rote Löwe mit dem roten Lilienband auf goldenem Grund.

Allzugern wäre sie am französischen Hof geblieben, doch ihre Schwiegermutter Katharina von Medici hatte andere Pläne. Die Toskanerin wollte – nachdem ihr ungeliebter Gatte Heinrich II. endlich unter der Erde war – selbst die Zügel der Regierung in die Hände nehmen; eine verspielte und intrigante Schwiegertochter wie Maria konnte sie dabei nicht gebrauchen. Aber auch die Heiratspläne, die sie für die junge Königinwitwe schmiedete – Erzherzog Karl von Österreich, die Könige von Schweden und Dänemark oder Don Juan –, erfüllten sich nicht. Der interessanteste Bewerber wäre ohne Zweifel Don Juan d'Austria gewesen, der große Türkensieger von Lepanto, aber diese Partie wurde von seinem Halbbruder Philipp II. vereitelt.

Da inzwischen auch ihre Mutter Maria Guise gestorben war, die für sie die Regierungsgeschäfte in Schottland geführt hatte, entschloß sich Maria zur Heimreise in das schottische Hochland. Freilich mit gemischten Gefühlen, denn in Schottland wehte unter dem unseligen Einfluß des calvinistischen Fanatikers John Knox ein ganz neuer Wind. Doch sie würde schon Ordnung bringen in diesen wirren Haufen protestantischer Lords, die womöglich mit den Engländern gemeinsame Sache machen wollten! Und von diesem verbohrten Puritaner Knox wollte sie sich als gute Katholikin erst recht nicht ins Bockshorn jagen lassen.

Königin Elisabeth sah die Zukunft weniger rosig, als Maria Stuart an einem nebligen Augusttag 1561 die Reise in ihre schottische Heimat antrat. Diese lebenslustige Kusine war nicht nur verspielt, keck und zutraulich, sondern auch stark gefühlsbetont. Sie war töricht, oft impulsiv und hatte einen mächtigen Dickschädel. Energisch wurde sie meist im ungeeignetsten Moment – eine Kombination, die eigentlich nicht gutgehen konnte! Man sollte Maria so schnell wie möglich an einen starken, festen Mann binden, der vor allem England keine Schwierigkeiten machen würde. Elisabeth hatte an den Grafen Leicester gedacht, aber schon in Frankreich hatte sich Maria über diesen »Reitknecht« (Leicester war Oberhofstallmeister) lustig gemacht und eine Heirat von sich gewiesen.

Dabei ist die junge Königin von Schottland in der Liebe ohne allen Verstand. Sie wählt aus der Schar ihrer Anbeter mit zielsicherem Spürsinn ausgerechnet denjenigen, der sowohl Schotten wie Engländern ein Dorn im Auge ist: den »dummen, lasterhaften und verweichlichten« Lord Darnley. Aber er gilt als schön – und Maria Stuart liebt schöne Männer.

Königin Maria Stuart mit ihrem zweiten Gemahl, Henry Stuart, Lord Darnley, die Eltern des späteren Königs Jakob

»Er hat nämlich ein hübsches, bartloses Gesicht wie ein junges Mädchen«, bemerkte der spanische Gesandte über den Lord. Die schottischen Clans waren entsetzt über diese Ehe, aber Maria hört nicht auf sie.

Auch Elisabeth ist alles andere als begeistert, denn durch seine Mutter, die Gräfin Lennox, eine Tudor, hat Lord Darnley Ansprüche sowohl auf den englischen wie schottischen Thron. Elisabeth sitzt an ihrem Schachtisch, als der französische Gesandte philosophiert: »Man verliert einen Bauern, ohne sich groß darüber aufzuregen. Und oft entscheidet dieser kleine Verlust das ganze Spiel.« – »Ja«, antwortet Elisabeth ärgerlich.

»Darnley ist nur solch ein Bauer, aber passe ich nicht auf, kann ich leicht matt gesetzt werden.«

Zum Glück für die englische Königin entpuppte sich Lord Darnley als blasiert und aufgeblasen, ein Trunkenbold, gerade noch fähig, mit einem Knaben zu tändeln. Aber weder zum Ehemann noch zum Regenten besaß er Talent.

Am 29. Juli 1565 ist die Hochzeit, aber schon bald danach wendet sich Maria Stuart maßlos enttäuscht von ihrem Gatten ab.

»Die Königin und ihr Gatte vertragen sich in der alten Weise oder gar noch schlechter. Sie speist nur selten mit ihm, sie schläft nicht bei ihm und hat keine Gemeinschaft mit ihm, noch liebt sie die, die ihn lieben. Aus Anstand und um der Ehre der Königin willen kann ich nicht berichten, was sie über ihn sagte . . .«, erzählte der Graf Bedford ein Jahr später.

Wenigstens hat Maria Stuart einen treuen Berater. Es ist der gescheite, amüsante Italiener David Rizzio mit dem Buckel. Maria hatte den Musiker aus dem Gefolge des Herzogs von Savoyen als Bassist für ihr Quartett engagiert. Daneben erledigte dieser 30jährige Mann ihre Privatkorrespondenz, und als sie sich mit ihrem Staatssekretär Maitland von Lethington überwarf, übernahm Rizzio auch diesen Posten.

Der Puritaner John Knox, der durch seine Predigten über das »verfluchte Weiberregiment« Engländer und Schotten gegen ihre Königinnen aufzuwiegeln versuchte

In der Politik ist Maria freilich alles andere als geschickt. Von Anfang an macht sie den Kardinalfehler, die einflußreichen und mächtigen schottischen Clans einfach zu übergehen. Möglich, daß sie mit den rauhen und verqueren Hochländlern einfach nicht zurechtkommt, vielleicht aber war sie auch zu sehr durch die absolutistische Hofpolitik in Frankreich geprägt. Das von John Knox prophezeite »verfluchte Weiberregiment« schien in den Augen der Clans Wirklichkeit zu werden.

Immerhin waren die Schotten zu ritterlich, um ihrer 23jährigen Königin allein den Schwarzen Peter zuzuschieben. Sie hielten sich lieber an den Ausländer, den Emporkömmling Rizzio.

»Euretwegen tut es mir leid, wenn David Rizzios Sohn König von Schottland werden sollte!« Lord Darnley hatte für solche Verleumdungen ein offenes Ohr, zumal er sich durch das Verhalten seiner Gemahlin, die sich mit ihm stritt oder ihn einfach übersah, um die Königsmacht gebracht sah. Er durfte zwar den Titel eines Königs führen, hatte aber im Grunde nichts zu vermelden; als tatsächlicher König von Schottland wollte Maria ihn auf keinen Fall anerkennen.

So war es auch nicht schwer, Darnley zu überzeugen, daß da nur ein Mittel helfe: Rizzio über die Klinge springen zu lassen. Mag sein, daß Darnley tatsächlich eifersüchtig auf Rizzio war, der zu jeder Tages- und Nachtzeit zu Marias Privatgemächern Zugang hatte; wahrscheinlicher ist, daß er über den politischen Einfluß des Italieners erbost war. Trotzdem mußte man Darnley, der schließlich ein berüchtigter Feigling war und sich vor jedem Turnier drückte, schon einen besonderen Köder bieten: die Königsmacht.

Mord in Schloß Holyrood

Am 9. März 1566 schreitet man zur Tat.

Königin Maria – sie ist im sechsten Monat schwanger – hat an diesem Abend ihre Hofdame Lady Argyll und David Rizzio zu einem kleinen Essen in ihre Privatgemächer geladen. Die Stimmung ist heiter und gelöst, in den kostbaren Kristallgläsern glüht blutroter Burgunderwein.

Plötzlich bauscht sich der Vorhang zu ihrem Schlafzimmer, wird zur Seite geschoben – König Darnley steht im Zimmer. Mit gekünstelter Liebenswürdigkeit setzt er sich neben Maria, legt seine Arme um sie, versucht ein munteres Gespräch anzuknüpfen.

Die fröhliche Stimmung ist dahin. Maria Stuart liebt keine ungebetenen Gäste und schon gar nicht ihren langweiligen Gatten Darnley.

Doch sie findet kaum Zeit, empört Luft zu holen, da wird der Vorhang erneut aufgerissen, und Lord Ruthven stürmt mit dem blanken Schwert in der Faust in voller Rüstung ins Zimmer.

»Wer hat Euch erlaubt, über die geheime Wendeltreppe in meine Privatgemächer vorzudringen?« fährt ihn die Königin an. »Hinaus!«

Doch Ruthven bleibt, und hinter ihm drängen immer mehr geharnischte und schwerbewaffnete Männer die schmale Treppe herauf in das Schlafzimmer der Königin und das anschließende kleine Eßzimmer.

»Mylord! Ich verlange eine Erklärung!« ruft Maria wütend in das Getümmel.

»Es gilt dem Schuft Rizzio!«

Der Italiener ist aufgesprungen, wirft sich der Königin zu Füßen, klammert sich verzweifelt an ihren Rock: »Majestät, habt Erbarmen!«

Doch die Bewaffneten packen ihn, zerren ihn ins Schlafzimmer. Die Königin wirft sich dazwischen. Darnley hält sie fest, reißt sie zurück. Der Eßtisch stürzt um.

Der schreiende Rizzio wird weitergeschleift, dann fallen die Bewaffneten über ihn her, schlagen ihm mit dem Schwert die Hand ab, stechen mit ihren Dolchen auf ihn ein – 56mal, bemerken in ihrem Blutrausch nicht einmal, daß sie sich gegenseitig mit ihren Dolchen verletzen, werfen die blutüberströmte Leiche schließlich zum Fenster hinaus.

Das grauenvolle Gemetzel in Holyrood schien Darnley und die Lords an das Ziel ihrer Wünsche zu bringen. Königin Maria war zutiefst erschreckt und offenbar bereit, in vielen Punkten nachzugeben, sich sogar mit Darnley auszusöhnen.

Als sie am 19. Juli 1566 einem Sohn das Leben schenkte, jubelte ganz Schottland, und es schien, als hätten sich die drohenden Wolken in eitel Sonnenschein aufgelöst. Der kleine Jakob war etwas, worauf man bauen konnte!

Doch der Schein trog. Die Dolche der Rizzio-Mörder hatten auch das letzte Band zu ihrem Gatten zerschnitten. Maria brütete über Racheplänen. Zudem verliebte sie sich wieder einmal kopflos – diesmal in den ver-

James Hepburn, Graf von Bothwell, Herzog der Shetland- und Orkneyinseln, der dritte Gemahl Maria Stuarts

wegenen James Hepburn, Graf von Bothwell. An eine legale Verbindung mit diesem »tollkühnen Burschen« und Frauenhelden war freilich nicht zu denken, beide waren verheiratet. »Wir sind an zwei falsche Menschen gefesselt; der Teufel trenne uns, und Gott füge uns für immer zusammen als das treueste Paar, das je verbunden wurde. Dies ist mein Glauben, in ihm will ich sterben«, schrieb Maria ihrem Geliebten.

Graf Bothwell war ein Abenteurer. An eine Ehe mit Maria Stuart oder gar an die Königskrone von Schottland dachte er nicht. Dafür sprach schon seine erst kürzlich geschlossene Ehe, zu der Maria selbst das kostbare, silberdurchwirkte Kleid der Braut gestiftet hatte. Für ihn war die Liaison mit der Königin nur ein weiteres Abenteuer.

Doch Maria quälte grenzenlose Eifersucht: »Eher würde ich in einem weißen Unterrock mit Euch bis ans Ende der Welt laufen, als daß ich Euch je aufgeben werde!«

Dazu peinigt sie den Geliebten pausenlos mit ihrem Gejammer über Darnley, den »Kerl, der ihr so viel Kummer mache«.

Graf Bothwell war kein Bösewicht, sondern nach Renaissance-Begriffen ein ganzer Kerl. Für ihn wurde es zur edlen Ritterpflicht, die Königin von diesem schrecklichen Gemahl zu befreien.

Mord, Heirat, Flucht

Bothwells Plan war recht simpel. Darnley kurierte gerade bei seinen Eltern in Glasgow die Schwarzen Pocken aus, als ihn Maria besuchte. Sie lockte ihn mit der Nachricht, sie habe vor den Toren von Edinburgh ein Haus, wo sie ihn in aller Ruhe gesund pflegen wolle, zu sich zurück.

König Darnley ließ sich das nicht zweimal sagen, zusammen eilten sie nach Edinburgh.

Ein paar Tage lang spielte Maria die treusorgende Gattin und Krankenpflegerin. Darnley schöpfte neue Hoffnung – und dann am 10. Februar 1567 flog dieses Haus in Kirk o' Field samt Darnley in die Luft.

»Ich ermahne Sie, ich rate Ihnen, ich bitte Sie, sich dieses Ereignis so zu Herzen zu nehmen, daß Sie sich nicht scheuen, selbst gegen Ihre nächsten Freunde vorzugehen«, schrieb Königin Elisabeth äußerst besorgt an die Kusine in Schottland. Mit diesen »nächsten Freunden« war natürlich Graf Bothwell gemeint, denn Maria Stuart mußte ganz einfach das Gesicht verlieren, wenn sie den Mord an ihrem Gemahl nicht sühnte!

Die Schotten waren empört und empfanden den Mord als »Schande der Nation«. Doch Maria unternahm nicht das geringste und ließ das Volk auf den Straßen brüllen. Es blieb Darnleys Vater, dem Grafen Lennox, überlassen, Anklage zu erheben wegen hinterhältigen Mordes an seinem Sohn; denn es wurde immer offensichtlicher, daß die Königin Bothwell deckte.

Damit nicht genug. Eine Woche nach dem Mord forderte Graf Bothwell auf eigene Faust die Lords auf, seine Unschuld schriftlich anzuerkennen und einer Heirat mit der Königin nicht mehr im Wege zu stehen! Weil die Lords nicht so recht darauf reagierten, half der verwegene Graf nach: Am 24. April entführte er Maria Stuart.

Vermutlich entsprach solch eine romantische Entführung in das abgelegene Schloß Dunbar den Wunschträumen der Königin. Die Ehescheidung des Grafen Bothwell wurde jetzt vorangetrieben. Nach zwölf Tagen erschienen die Lords vor dem Burgtor: Sie wollten ihre Königin wiederhaben!

Maria war bereit; aber nur, wenn sie Graf Bothwell heiraten durfte. Die Lords gaben nach, und am 15. Mai 1567 wurde das Paar getraut.

Die Ehe mit dem »Schurken der Nation« war kurz. Der französische

Gesandte fand Maria bereits zwei Tage nach ihrer Hochzeit tränenüberströmt vor. Sie soll nach einem Messer verlangt haben, »um sich zu entleiben«. Bei der leidenschaftlichen Maria Stuart hieß das nicht viel; vielleicht hatte ihr Graf Bothwell klargemacht, daß sie mit ihm nicht so umspringen könne wie mit dem »verweichlichten« Darnley ...

Das Volk tobte. »Verbrennt die Hure!« brüllten die Soldaten. »Ersäuft sie!« schrien die Bürger.

Vier Wochen später war das Paar auf der Flucht. Maria wurde gefangengenommen, Graf Bothwell entkam nach Norwegen.

Auch jetzt noch waren die schottischen Lords bereit, ihrer Königin zu verzeihen, schon um ihres Sohnes Jakob willen, den sie bei ihrer Flucht einfach zurückgelassen hatte: wenn sie nur bereit wäre, Verstand anzunehmen.

Im Inselschloß Loch Leven soll sie Zeit zum Nachdenken erhalten. Doch Maria bleibt halsstarrig – jetzt erst recht nicht! Sie will weder in eine Scheidung von Bothwell einwilligen noch zulassen, daß man ihm den Prozeß macht. Ihre absolute Loyalität oder Hörigkeit gegenüber Bothwell brachte die Lords in eine ekelhafte Situation: Der eigentliche Übeltäter hatte sich abgesetzt und war in Norwegen unerreichbar, sie konnten sich nur noch an die Königin halten. Als man schließlich drohte, sie selbst wegen des Mordes an Darnley anzuklagen, dankte sie zugunsten ihres 18 Monate alten Sohnes Jakob ab.

Den Anspruch auf die Krone hat Maria damit freilich nicht aufgegeben. Nach elf Monaten Gefangenschaft gelingt ihr die Flucht, und tatsächlich finden sich 6000 Mann bereit, für ihren Thron zu kämpfen. Gleichzeitig bittet Maria Königin Elisabeth und Frankreich um Unterstützung gegen ihre »rebellischen Untertanen«.

An dem ständigen Unruheherd Schottland unter einem Kleinkind als König konnte Elisabeth nicht interessiert sein. Also beglückwünschte sie ihre schottische Kusine zur gelungenen Flucht und bot ihr persönlichen Schutz an. Allerdings machte sie Maria auch klar, daß sie sich eine Einmischung Frankreichs verbittet: »Wer zwei Sehnen auf seinen Bogen spannt, schießt vielleicht mit größerer Kraft, aber er trifft selten!«

Maria wartete weder die eine noch die andere Hilfe ab. Am 13. Mai 1568 wurde das kleine Heer der schottischen Königin binnen 45 Minuten völlig geschlagen, sie selbst flüchtete Hals über Kopf nach England.

Der schlimme Gast

»Wenn Königin Elisabeth ihren Willen jetzt durchsetzt, müssen sie die Königin von Schottland als souveräne Herrscherin behandeln, was alle vor den Kopf stoßen wird, die sie zur Abdankung gezwungen haben ... Wenn sie sie in Gefangenschaft hält, wird das vermutlich alle benachbarten Fürsten empören, und wenn sie frei bleibt und sich mit ihren Freunden in Verbindung setzen kann, wird nach allen Seiten Verdacht aufkommen«, kommentierte der spanische Gesandte die schwierige Lage Elisabeths. Es war von vornherein eine undankbare Sache, der ehemaligen schottischen Königin in England Exil zu gewähren – wie undankbar, das sollte sich erst im Lauf der Zeit herausstellen!

Königin Elisabeth war anfangs bereit, Maria als königliche Kusine zu behandeln; natürlich mit gewissen Einschränkungen, denn selbstverständlich konnte sie nicht dulden, daß Maria Stuart irgendwelchen politischen Einfluß gewann. Sie ließ sie nach Carlisle bringen, später nach Bolton. Das Schloß hatte die höchsten Mauern Englands, und es schien wenigstens die Gefahr gebannt, daß Maria – phantasievoll und sportlich, wie sie war – bei nächstbester Gelegenheit über eine Strickleiter in die Freiheit klettern würde.

Innerhalb des Schlosses aber hatte die Exkönigin jede Freiheit. Ein kleiner Hofstaat stand zu ihrer Verfügung, und Elisabeths Vetter, Sir Francis Knollys, sorgte für ihr Wohlergehen; selbst zur Jagd durfte sie oder nach Buxton zur Kur wegen ihres Rheumas. Elisabeth legte größten Wert darauf, daß die schottische Kusine zuvorkommend behandelt werde.

»Ich habe ein so großes Vertrauen zu Euch und bin überzeugt, daß Ihr mir helfen werdet, meine Autorität wiederzuerlangen. Ich hoffe, daß Ihr mich sofort zu Euch kommen laßt«, schrieb Maria in ihrem ersten Brief an Elisabeth.

In Wirklichkeit ging es Maria Stuart längst um etwas ganz anderes: Als Stuart und Urenkelin Heinrichs VII. Tudor hatte sie gewisse Anrechte auf den englischen Thron, die sie schon in Frankreich angemeldet hatte. Nach dem schottischen Debakel wollte sie jetzt um jeden Preis den englischen Thron und war erstaunt, daß Elisabeth kein Verständnis zeigte.

»Wer eine Krone trägt«, bemerkte der Graf Arundel trocken, »kann

Maria I. Stuart, Königin von Schottland und Königinwitwe von Frankreich. Sie versuchte jahrelang, Königin von England zu werden.

nicht gut einen anderen dazu überreden, die seine abzulegen, weil die eigenen Untertanen nicht gehorchen. Vielleicht haben sie in Schottland neue Ansichten darüber, aber es wäre nicht gut, wenn sich diese in England verbreiten würden!«

Wen wundert es, daß Maria Stuart noch vor Jahresende in den größten Regierungsputsch verwickelt ist, der sich zum sogenannten »Aufstand im Norden« ausweitete und eine ernsthafte Krise hervorrief.

Die Anwesenheit der schottischen Königin kam den katholischen Lords sehr gelegen – dem Herzog von Norfolk und den Grafen von Northumberland und Westmorland. Sie witterten eine Chance, die Macht an sich zu reißen. Maria Stuart war Katholikin und durch ihre legitimen Ansprüche auf die englische Krone ein geeignetes Mittel zum Zweck. Schnell erklärte sich der Herzog von Norfolk zur Heirat bereit.

Maria selbst hatte nach Kräften mitgemischt und mit ihrem sprichwörtlichen stuartschen Charme, ihrem »tränenumflorten« Lächeln und einem kostbaren Diamantring die Herzen der Katholischen gewonnen. Der Bischof Ross vermittelte bereits zwischen Norfolk und Maria, als der Herzog plötzlich kniff. Königin Elisabeth hatte ihn schon wiederholt ermahnt, »seine Finger von der schottischen Sache zu lassen«. Als ihm Leicester auch noch die Warnung zukommen ließ, die Königin werde ihn mit Sicherheit in den Tower stecken, bekam er es mit der Angst zu tun.

Inzwischen hatte Graf Northumberland im Norden bereits seine Aufständischen zusammengetrommelt und dachte nicht daran, das Unternehmen wegen Norfolk abzublasen. Elisabeth hatte unterdessen alle Häfen geschlossen, Maria in aller Eile nach Coventry geschafft, als die Rebellen nach Süden vordrangen. Im November konnten Elisabeths Truppen den Aufstand niederschlagen. Die beteiligten Lords flohen nach Schottland, Graf Northumberland wurde später nach England ausgeliefert und beging Selbstmord. 600 Aufständische wurden wenig später zum Exempel hingerichtet, die gesamten Ländereien im Norden von der Krone eingezogen und an zuverlässige Leute neu verteilt.

Königin Elisabeth konnte den »Aufstand im Norden« als das Werk einer machthungrigen Minderheit zu den Akten legen und vergessen – nicht so das Thema Maria Stuart.

Mit dem Herzog von Norfolk war die englische Königin recht milde umgegangen. Der Tower blieb ihm zwar nicht erspart; aber sie war bereit, ihn auf Ehrenwort freizulassen, als sie von seinem schlechten Gesundheitszustand hörte.

Doch kaum war der Herzog wieder auf den Beinen, stürzte er sich schon in die nächste Verschwörung, die der italienische Bankier Ridolfi – ein Geheimagent des Papstes – in London anzettelte: sie hatte das gleiche Ziel wie der mißlungene Aufstand im Norden. Als die Sache aufflog und bekannt wurde, welch internationale Mächte da insgeheim mitspielten – von Spanien bis zum Vatikan –, blieb Königin Elisabeth nichts anderes übrig, als ihren Vetter aus dem berühmten Howard-Clan zum Tode zu verurteilen.

Die schottische Tragödin

»Die arme Närrin wird nicht eher aufhören, bis sie den Kopf verliert. Und man wird sie bestimmt noch hinrichten. Aber es ist ihre eigene Schuld und das Resultat ihrer Torheit. Ich sehe keine Abhilfe«, meinte Marias Schwager Karl IX. von Frankreich resigniert.

Die Ridolfi-Affäre hatte freilich auch eine gute Seite. Das Parlament stand jetzt voll und ganz zu Elisabeth, und vor allem das Unterhaus forderte heftig und laut den Tod der Unruhestifterin Maria Stuart.

Wenn Maria Stuart auch weiterhin zäh an ihrem Plan festhielt und immerfort durch Briefe Philipp von Spanien, den Papst, den französischen König, ihren Sohn Jakob aufzuhetzen versuchte, »für Gott und die Sache der Stuarts zu kämpfen«, lieferte sie doch erst 14 Jahre später den eigentlichen Anlaß zu ihrer Tragödie.

Auch aus dem scharf bewachten Schloß Chartley – 30 Mann bewachten sie auf Schritt und Tritt – gelang es ihr, Briefe ins Ausland zu schmuggeln. Allerdings wurde die gesamte Korrespondenz von Elisabeths Staatssekretär Walsingham, der eine grandiose Spürnase für solche Dinge hatte, abgefangen, dechiffriert und als Beweismaterial für den Hochverratsprozeß gesammelt, den Elisabeth jetzt doch zu eröffnen gezwungen war. Der Zeitpunkt einer spanischen Invasion schien bedrohlich nah, und es war dringend notwendig, daß wenigstens im eigenen Land Ruhe herrschte. Hätte Elisabeth nach der Ridolfi-Affäre im Jahr 1572 doch auf ihr Parlament gehört und diesem »Drachen des Aufruhrs« den Kopf abgeschlagen, längst hätte sie ihren Frieden gehabt. Aber sie hatte sich gescheut, einer Frau und gesalbten Königin und Kusine mit Thronrechten einfach den Kopf vor die Füße legen zu lassen.

1586 steckte Maria Stuart erneut in einer Verschwörung, die ein gewisser Babington inszeniert hatte. 60 000 spanische Soldaten sollten Maria befreien, ein gewisser John Savage war als Mörder für Königin Elisabeth vorgesehen. Als Marias Brief an Babington abgefangen wurde, in dem sie »leidenschaftlich begrüße, was er und seine Leute planten«, wurde sie wegen Hochverrats angeklagt.

Als Maria Stuart am 11. Oktober 1586 vor einer Kommission von 36 Peers, Staatsräten und Richtern erschien, bestritt sie, je etwas von dieser Verschwörung gewußt zu haben, und schleuderte den Anwesenden an den Kopf: »Gott vergebe Euch Rechtsgelehrten, daß Ihr so traurige Gesellen seid. Gott behüte mich und meine Sache vor Euren Gesetzen, denn ein Fall kann noch so gut sein, Ihr könnt ihn in sein Gegenteil verkehren.«

Zu »verkehren« brauchten die Richter wahrhaftig nichts! Schuldspruch und Todesurteil waren einstimmig und durchaus gerechtfertigt.

Wieder zögerte Elisabeth, unterschrieb das Todesurteil erst nach langem Überlegen, und schließlich war es der treue Lord Burghley, der es abschickte – ob mit oder ohne Wissen der Königin, das wird man wohl nie erfahren.

Die Hinrichtung Maria Stuarts am 8. Februar 1587, fast auf den Tag genau 20 Jahre nach der Ermordung Darnleys

8. Februar 1587

Es ist ein kalter Sonnentag, als Maria Stuart in einem schwarzen Samtmantel mit Hermelinbesatz die Schloßtreppe von Fotheringhay emporsteigt.

Etwa 300 englische Adelige haben in der schwarz verkleideten Schloßhalle Platz genommen. Die Kirchturmuhr schlägt achtmal.

Die Königin von Schottland betritt die Halle. Ein zarter Batistschleier fällt über die braunen Locken, unter dem Mantel lugt ein scharlachrotes Kleid hervor. Doch die Jahre sind auch an ihr nicht spurlos vorübergegangen: die einst so zierliche Figur ist leicht untersetzt, das feine Gesicht aufgedunsen, die Halskrause versteckt das Doppelkinn.

Der Kastellan von Fotheringhay küßt ihr ehrerbietig die Hand, dann reicht er ihr ritterlich den Arm und geleitet sie zum Schafott.

»Die Hand des Todes ist über ihrem Haupt. Der Thron des großen Richters im Himmel ist sichtbar, und weit geöffnet sind die Bücher ihres ganzen Lebens«, betet der Dechant von Peterborough.

»Ihr habt gehört, was Ihr zu tun habt?« fragt Graf Shrewsbury, und Maria Stuart erwidert leise: »Tut Eure Pflicht.«

Der Sheriff erhebt sich und bricht seinen Stab über der schottischen Königin – wie es der Brauch will.

Ihre beiden Hofdamen nehmen ihr den Mantel und das Obergewand ab, verbinden ihr mit zitternden Händen die Augen.

In einem scharlachroten Untergewand kniet Maria nieder, betet »In manu tua, Domine« und legt den Kopf auf den Block.

Der Henker schlägt mit seinem Beil zu – aber erst beim zweiten Mal trifft er.

Als der Kopf der schottischen Königin fällt, fährt ihr kleiner Hund, der sich heimlich unter ihren Kleidern festgekrallt hat, hervor, verteidigt aufheulend das Haupt seiner Herrin.

Als der Henker den toten Kopf an den Haaren hochheben will, hält er nur die kastanienbraune Perücke in der Hand. Der kahle Kopf rollt über die Bretter.

»Gott schütze die Königin!« ruft der Henker.

»Amen«, antwortet der Adel.

Die »unüberwindliche« Armada

»Wie muß dieser Mann mich lieben! Siebzehnmal hat er versucht mich umzubringen!« spottete Königin Elisabeth über ihren Schwager Philipp II. von Spanien.

Für Gott und Spanien

Ja – es hatte schon seine Richtigkeit damit. Nicht umsonst hatte Staatssekretär Walsingham sein Spitzelsystem geschickt über den ganzen Kontinent verteilt, denn die Drahtzieher hinter diesen Anschlägen und Attentaten saßen in Wien, im Vatikan, in Madrid.

Im Zusammenhang mit der Babington-Verschwörung ging Walsingham der Jesuit John Ballard ins Garn. Der brave Ordensmann hatte Babington angestiftet, die Ermordung Elisabeths zu inszenieren; seine Geständnisse brachten nicht nur die Verschwörer allesamt an den Galgen, sondern auch Maria Stuart aufs Schafott. Walsingham hätte mit seinem Erfolg zufrieden sein können; doch aus den Aussagen Ballards ging deutlich hervor, daß Mitglieder seines Ordens nach wie vor in hellen Haufen das Land durchstreiften und konspirierten. Daran hatte auch die Ausweisung aller Jesuiten aus England 1584 nichts geändert. Die Jesuitenpatres fühlten sich als »Vorkämpfer gegen die Ketzerkönigin von England« und waren treue Verbündete König Philipps, dessen Groll über die englische Schwägerin immer grimmiger wurde. Zum einen war er ein wütender Katholik, der im eigenen Land die »Heilige Inquisition« auf die Spitze trieb und mit größtem Eifer Jagd machen ließ auf Juden, Ketzer und Mauren – als Kanonenfutter seiner Heere und Flotten waren sie allerdings gut genug – und die religiös tolerante Königin von England war ihm ein Greuel. Zum anderen besaß er ja seine Thronansprüche, und 1587 kam schließlich der »ruchlose Mord« an Maria Stuart hinzu.

Seine Allerkatholischste Majestät von Spanien geruhte dabei zu übersehen, daß in Europa die verschiedenen Territorialfürsten, Interessengruppen und Parteien unter der Flagge der Glaubens- oder Konfessionsgegensätze ihre eigene Macht brutal auszuweiten versuchten, während es in England durch die geschickte Toleranzpolitik Elisabeths weitgehend ruhig blieb. Als zum Beispiel das Deutsche Reich an diesen Glaubens- und Machtkämpfen zerbrach, schuf die Tudorkönigin in England ein geeintes Volk! Der Name des puritanischen Fanatikers John Knox beispielsweise war für sie ein derartiges Reizwort, daß Lord Burghley alle schottischen Korrespondenten dringend darum bat, diesen Menschen nicht zu zitieren oder zu erwähnen – taten sie es doch, strich er die Passagen aus den Botschaften heraus. Elisabeth liebte die Extreme nicht, weder auf politischem noch auf religiösem Gebiet!

»Die Zeit und ich nehmen es mit allem auf«, war die Lieblingsdevise Philipps II., auf dessen Arbeitstisch sich die Entscheidungen oft monatelang türmten, weil er sich nicht dazu entschließen konnte, seinen Namen darunterzusetzen (viel lieber korrigierte er die Rechtschreibung seiner Gesandten in aller Welt).

Doch nun war selbst für Philipp, den Entschlußlosen, das Maß voll.

»Da ich offenbar als Botschafter des Friedens die Anerkennung der Königin nicht verdienen konnte, zwingt sie mich, in Zukunft zu versuchen, sie im Krieg zufriedenzustellen«, war der Abschied des spanischen Gesandten, als ihn Elisabeth wegen Beteiligung am Babington-Komplott des Landes verwies.

Philipp hatte sich also zum Krieg entschlossen, und eines mußte man dem spanischen König lassen: Was er tat, das tat er gründlich. Aus allen Provinzen des Reiches wurden Soldaten zusammengetrommelt – kastilische Bauern, französische Abenteurer, maurische Sklaven, italienische Söldner, deutsche Landsknechte und Schweizer Reisläufer. 123 790 Kanonenkugeln, 2431 Geschütze, Unmengen an Pulver und Munition für Handfeuerwaffen stapelten sich auf den Werften. Pökelfleisch und Schiffszwieback aus Andalusien, Hanf und Teer aus der Ostsee, Öl aus Süditalien.

Der König von Spanien zweifelte keine Minute an seinem großen Unternehmen, denn er war vollkommen davon überzeugt, daß dieser »englische Kreuzzug« gegen die schreckliche, verräterische Elisabeth Gottes Wille sei. Unter »Seinem« Schutz war die Armada unschlagbar

– der wiederholte Bannfluch des Papstes tat ein übriges. Zwei Jahre hatten Tausende von spanischen »ehrbaren Frauen und Jungfrauen« an den Fahnen, Wimpeln und Standarten für die Flotte gestickt, und die »Gebete eines ganzen Königreichs« würden seine Schiffe begleiten – an was konnte es da noch fehlen?

Zum Oberbefehlshaber der spanischen Armada ernannte Philipp den Herzog von Medina-Sidonia, einen absolut loyalen, ergebenen und guten Soldaten. Freilich hatte er noch nie in seinem Leben auf dem Deck eines Schiffes gestanden und bat den König händeringend, ihn von dieser übergroßen Aufgabe zu befreien. Allerdings war der Herzog tief fromm – das hatte zu genügen!

Philipp hatte zudem den englischen Feldzug persönlich bis ins kleinste Detail ausgearbeitet und selbst die Besetzung des letzten englischen Kuhdorfes im Norden nicht vergessen – daß die Engländer vielleicht auf die abwegige Idee kommen könnten, sich womöglich schon auf See zu verteidigen, daran hatte Philipp nicht gedacht . . .

Kreuzzug gegen England

Als am 14. Mai 1588 die »unüberwindliche« Armada in Lissabon unter Segel ging, waren es 145 große Galeonen, 320 kleine Schiffe und 50 Galeeren mit 30000 »Kreuzfahrern«, die gereinigt von ihren Sünden (sie hatten vorher zur Beichte und zur Messe gehen müssen) den Siegeszug über die verrottete Insel im Norden antraten. Sie durften weder Dirnen noch Spielkarten, noch Alkohol mit an Bord nehmen – nicht einmal fluchen durften sie! »Schlimm war nur, daß der liebe Gott den spanischen Seeleuten und Soldaten nicht über ihre Tapferkeit hinaus noch etwas gab, womit sie ihre Schiffe hätten verteidigen können.«

In England sah man der »unüberwindlichen« spanischen Armada gelassen entgegen. Königin Elisabeth hatte Philipp jahrelang provoziert. Es hatte mit »El Draque« begonnen, als sie diesen größten aller Staatspiraten auf der »Golden Hind« zum Ritter schlug. Das Unternehmen Cadiz war das letzte große Störmanöver innerhalb von acht Jahren. Auch Philipp konnte und durfte diese pausenlosen schweren Attacken nicht mehr übersehen.

Ihre militärische und finanzielle Hilfe von jährlich 126000 Pfund für die Aufständischen in den Niederlanden war eine ebenso deftige Herausforderung. Seit 1566 versuchten sich diese Provinzen in einem Bürgerkrieg der habsburgischen Fesseln zu entledigen. Sogar ihren Günstling Leicester hatte Elisabeth in die spanischen Niederlande geschickt, um Hilfe zu leisten und sich einen Bündnispartner für künftige Zeiten zu sichern.

Gewiß, Elisabeths Flotte war den Spaniern quantitativ weit unterlegen, aber qualitativ durchaus ebenbürtig, wenn nicht überlegen. Elisabeth verfügte über die besseren Schiffe, die bessere Bewaffnung, die besseren Seeleute – die freilich alle nicht mehr die Jüngsten waren; sicher auch ein Grund, warum sie die große Auseinandersetzung jetzt haben wollte.

»Wenn wir den Frieden nicht erhalten können, möchte ich wünschen, der Feind würde wenigstens nicht länger zögern, sich – wie ich fest glaube – ins Unglück zu stürzen.« Lord Burghley sprach aus, was sich Elisabeth insgeheim gedacht haben mag, was sie jahrelang herausgefordert hatte.

Die Schlacht im Kanal

»Eine solche Streitmacht hat es in der ganzen Welt noch nicht gegeben«, meinte der englische Oberbefehlshaber Lord-Großadmiral Charles Howard Graf von Effingham, als am 19. Juli 1588 der prächtige Zug von 515 gewaltigen Galeonen, großen Karavellen und schweren, geruderten Galeassen zu einem riesigen Halbmond angeordnet vom kräftigen Westwind getrieben majestätisch in den englischen Kanal einlief.

Charles Howard selbst verfügte über 88 Kriegsschiffe (35 aus dem Besitz der Königin, 53 aus Privatbesitz) und eine Reihe kleinerer Fahrzeuge. Berühmte Namen waren unter den Schiffen und Kapitänen: Die »Triumph« unter Martin Frobisher, die »Victory« unter John Hawkins, die »Revenge« unter Sir Francis Drake, die »Dreadnought« unter Robert Greynville und die mächtige »Arc Royal«, die die Admiralsflagge führte. An Größe konnte es freilich keines seiner Schiffe mit den spanischen Kolossen aufnehmen, sehr wohl aber in der Güte der Besatzung, der Geschütze und der Kampfmoral.

»Sie müssen dafür sorgen, daß Ihre Geschwader nicht aus der

Die »unüberwindliche« spanische Armada, wie sie am 19. Juli 1588 in den englischen Kanal einlief. Die über 500 Schiffe waren zu einem mächtigen

Halbmond angeordnet. Unten links das zweite und vierte Schiff sind große geruderte Galeonen oder Galeassen.

Schlachtformation ausscheren und daß keine Kapitäne, von Habgier getrieben, den Feind verfolgen und Prisen machen«, lautete eine der strikten Anweisungen des spanischen Königs an seinen Admiral. Der Herzog von Medina-Sidonia hielt sich getreu an diesen Befehl – auch als an der Südküste Englands die Flotte Howards in Sicht kam, die sich in einem Zickzackkurs gegen den Westwind vorarbeitete und hinter die Armada setzte.

In der Nacht zum 21. Juli begann der Angriff. Es war wohl kein Zufall, daß Sir Francis Drake gleich zu Anfang das Flaggschiff der Andalusier, die riesige »Nuestra Señora del Rosario«, kaperte und wenig später die »San Salvatore«. Beide Schiffe wurden mit kleinen Prisenbesatzungen nach Weymouth und Dartmouth geschickt.

Im allgemeinen aber führten die Engländer den Kampf auf weite Distanz, aus der sie, ohne selbst Treffer zu riskieren, die größere Reichweite ihrer Geschütze ins Spiel bringen konnten.

Lord-Großadmiral Howard, ein enger Freund Drakes, hatte den strikten Befehl seiner Königin in der Tasche, sich genau an das taktische Abwehrkonzept von Drake zu halten. Die Spanier waren hervorragende Landsoldaten und mochten auch im Enterkampf überlegen sein: So galt

Herzog von Medina-Sidonia, der glücklose Admiral der »unüberwindlichen« spanischen Armada

Charles Howard von Effingham und Graf von Nottingham. Lord-Großadmiral und Sieger über die Armada. In den späten Regierungsjahren Elisabeths als letzter der »alten Garde« engster Vertrauter und Berater der Königin

es zunächst, sie durch pausenlose Angriffe zu schwächen und zu demoralisieren. Also pfiffen Tag und Nacht die englischen Kanonenkugeln über die spanischen Decks, Ketten- und Stangenkugeln zerfetzten die Takelage, und die feindlichen Schiffe schwammen dabei für die spanischen Geschütze in unerreichbarer Ferne.

Es war erstaunlich, daß der spanische Oberbefehlshaber bei diesen unausgesetzten Attacken »die Ordnung seiner Flotte einigermaßen aufrechterhalten konnte«, obgleich er selbst zu allem Überfluß ständig seekrank über der Reling hing.

Nach König Philipps Plan sollte zuerst die Insel Wight besetzt werden, um dort einen Brückenkopf für die Eroberung ganz Englands zu bilden. Als die Armada Kurs auf die Insel nahm, gruppierten Howard und Drake blitzschnell ihre Schiffe um und griffen so wütend den linken Flügel der Spanier an, daß Medina-Sidonia wieder Richtung Südost drehte.

Als nächsten Punkt sah der Aktionsplan Phillipps vor, daß Medina-Sidonia in Calais vor Anker gehen sollte. Die eigentliche Invasionsarmee unter dem Herzog von Parma stand in den spanischen Niederlanden bereit; die Armada sollte sie nun an Bord nehmen und mit ihr nach England übersetzen. Dem Herzog war die Atempause von Calais höchst willkommen, denn Proviant und Wasser wurden knapp, und infolge der Kampfschäden leckten viele Schiffe der spanischen Armada, die nun »immer wie eine Herde Schafe vor den Engländern herlief«.

Am Abend des 27. Juli fielen auf der Reede von Calais die Anker. Medina-Sidonia atmete auf. Gewiß, Calais war französischer Besitz, aber es war an dieser Küste auch der einzige brauchbare Hafen – Dünkirchen konnten die spanischen Prachtgaleonen wegen ihres zu großen Tiefgangs nicht anlaufen, und nach Antwerpen würden sie die aufständischen Niederländer nicht hineinlassen – schließlich hatte sie Elisabeth lange genug finanziell unterstützt. So blieb nur der Hafen von Calais, auch wenn man etliche Tage warten mußte, bis der Herzog von Parma mit seinen Truppen an Ort und Stelle sein konnte.

Die Katastrophe

»Brander! Brander voraus!« gellt der Entsetzensschrei in die Nacht des 28. Juli hinaus.

Die nach acht Tagen im englischen Kanal restlos erschöpften und übermüdeten spanischen Matrosen und Soldaten fahren aus dem Schlaf.

»Feuer! Feuer an Bord!«

Mit Wind und Strömung treiben acht englische Schiffe wie gewaltige Fackeln auf die vor Anker liegenden Spanier zu. Sie sind mit Pulver, mit Werg und Teer vollgestopft, die Kanonen sind geladen, die Segel gesetzt, die Ruder festgelascht, Besatzungen sind keine an Bord. »Sie spien Feuer, und ihre Artillerie feuerte auch – es war grausig anzusehen!« schreibt ein Zeitgenosse.

Die lichterloh brennenden Schiffe treiben mitten hinein in den Hafen. Die »San Leonardo« und die »Rayo« gehen fast augenblicklich in Flammen auf.

»Rette sich, wer kann!«

Entsetzt versuchen die Spanier aus dem Hafen von Calais, diesem verfluchten, brennenden Loch zu fliehen. Ankertaue werden gekappt, Anker im Stich gelassen, Takelagen verwirren sich, werden heruntergerissen, Beiboote werden zwischen den aneinanderprallenden Rümpfen zerschmettert, Galeassenriemen splittern, die große »San Lorenzo« läuft auf eine Untiefe, wo sie der Lord-Großadmiral Charles Howard höchstpersönlich mit Handfeuerwaffen durchsiebt.

Am Morgen des 29. Juli ist die »unüberwindliche« Armada nur noch ein wirrer Haufen lecker Schiffe mit beschädigten Takelagen und konfuser Besatzung.

Der Herzog von Medina-Sidonia verlor – angesichts der Umstände durchaus verständlich – die Nerven. Zurück durch den englischen Kanal? Niemals! Also versucht er auf dem gefahrvollen Weg um Schottland und Irland herum nach Spanien zurückzukehren.

Bis auf die Höhe von Newcastle-on-Tyne saßen den Spaniern noch die Engländer im Genick, allen voran Sir Francis Drake sowie Sir John Hawkins, Sir Martin Frobisher und Sir Robert Greynville, die Lord Charles Howard für ihre Tapferkeit bei der Armadaschlacht zu Rittern geschlagen hatte.

Als die Engländer schließlich mit leeren Pulvermagazinen abdrehen mußten, sahen sie die Spanier in einen schweren Weststurm hineinsegeln.

»Niemals hat mich etwas mehr gefreut, als den Feind nach Norden fliehen zu sehen, denn damit war das Schicksal der Armada besiegelt«, schrieb Drake wenige Tage später.

Es war ein vollständiges Fiasko, das für viele auf den Riffen der Nordküste Schottlands, der Orkneyinseln und der Hebriden zu Ende war. Die Wracks der Armada wurden von den Shetlandinseln bis nach Cornwall hinunter gefunden.

Die Verluste waren ungeheuer. Mit 130 Schiffen und 30000 Mann hatten die Spanier ihren »englischen Kreuzzug« angetreten. Nur 65 schwerbeschädigte Schiffe und knapp 10000 Mann kehrten mit dem unglücklichen Herzog von Medina-Sidonia nach Spanien zurück.

Überall aber in England sang man ein Lied, das Königin Elisabeth selbst gedichtet hatte:

»Er ließ den Wind, die Wasser dräun,
Um meine Feinde zu zerstreun.«

Die Last der Krone

»Welch tapfere Frau! Sie bietet den größten Königen zu Land und zur See die Stirn!« schwärmte Papst Sixtus V. und fuhr schmunzelnd fort: »Es ist jammerschade, daß Elisabeth und ich nicht heiraten können – unsere Kinder hätten die ganze Welt beherrscht . . .«

Die Arbeit ist getan

Der große Schlag gegen den übermächtigen Habsburger war gelungen, die Vernichtung der größten und stärksten Flotte der Welt geglückt. Damit hatte Elisabeth für England goldenen Boden gewonnen: Die Freiheit der Meere war ruhmreich erkämpft, niemand konnte ihr England mehr streitig machen!

Der einst so starke und reiche spanische Gegner war ausgeblutet und stand vor dem Staatsbankrott – eine einseitige Wirtschaftspolitik hat sich nie ausgezahlt. Auch wenn Philipp noch zaghafte Versuche unternahm, von einer zweiten und dritten Armada sprach: Das habsburgische Reich hatte als Weltmacht ausgespielt, seine Vormacht auf den Weltmeeren war gebrochen.

Die Ruhe nach dem Sturm war wohlverdient, wenn auch von leiser Melancholie überschattet.

Aus der Gruppe der »Merchant Adventures of England«, mit denen die Königin einst am Kaminfeuer in der großen Halle von Schloß Hatfield feurige Zukunftspläne geschmiedet hatte, waren viele große Kapitäne, Staatspiraten und Kaufleute hervorgegangen. Mit vollen Händen hatten sie das Gold auf ihren ersten Beutezügen in die Karibik in ihre Taschen geschaufelt. Die kühnen, hochfliegenden Träume waren Wirklichkeit geworden, hatten sich in klingende Münze umgesetzt. England war wohlhabend, um nicht zu sagen reich. Die Zukunft dieser grünen Insel würde auf dem Meer liegen.

29 Jahre hatte Elisabeth nun regiert. Drei Jahrzehnte, die der innenpolitischen Stabilität und der Vorbereitung auf den Angriff der Armada gewidmet waren.

Und wie nach allen Höhepunkten kam nun die Flaute.

Gewiß, die Staatspiraten segelten weiterhin aus zu ihren Kaperfahrten und Beutezügen, aber das waren nur mehr Zugaben, wenn mitunter auch recht beachtliche. Eine politische Notwendigkeit bestand nicht mehr. Die hohe Schule der Freibeuterei hatte ihre staatspolitische Aufgabe im Juli des Jahres 1588 im englischen Kanal erfüllt. Die Arbeit war getan.

Elisabeth hatte den rechten Zeitpunkt gewählt. Hätte sie länger gezögert und die spanische Invasion erst in den neunziger Jahren stattgefun-

Elisabeth I. auf dem Höhepunkt ihrer Macht nach Vernichtung der Armada

Königin Elisabeth auf einer Allegorie als Ritter St. Georg, der den »Drachen« der Feinde Englands besiegt

den – England hätte seine Stunde verpaßt. Denn mit dem Schwung der Jahre verlosch auch der Stern der großen Seehelden, auf deren Kühnheit und Können Elisabeth ihr Wagnis für die Zukunft gesetzt hatte.

Der eiserne Sir Robert Greynville fiel 1591 auf seinem Flaggschiff »Revenge«. Er war der erste. 1594 folgte ihm Sir Martin Frobisher. Ein Jahr später starb 75jährig Sir John Hawkins vor Puerto Rico, nur drei Monate später, am 28. Januar 1596, der größte der Staatspiraten, Sir Francis Drake, vor Porto Bello.

»Zu beiden Seiten seines Flaggschiffes ›Defiance‹ war ein spanisches

Beuteschiff wie eine Fackel entzündet. Aus sämtlichen Kanonen der Flotte donnerte der Salut für den toten Admiral, dann nahmen die türkisblauen Wasser der Karibik Sir Francis Drake in seinem Bleisarg auf.«

Mit der alten Garde gingen die guten, rauhen Freunde der Königin dahin. Auch Graf Leicester hatte der Tod dahingerafft – drei Wochen nach dem Sieg über die Armada, als ob er der Königin den Triumph seiner Konkurrenten zur See nicht gegönnt hätte.

Die zweite Garde

Je mehr von den alten Freunden und Vertrauten dahingingen, um so brennender wurde für die Königin die Notwendigkeit, eine junge zweite Garde zu schaffen, die das Erreichte weiterführen und ausbauen konnte.

Noch gab es den hoffnungsvollen, geistreichen Sir Walter Raleigh, das »Juwel der Krone«. Noch war seine Kolonisierung Virginias nicht vergessen, und mit seinen nunmehr 36 Jahren stand er im besten Alter.

Doch war es schwer für die nachfolgende Generation, mit dem Nimbus etwa eines Sir Francis Drake zu konkurrieren. Raleigh mit seinen glänzenden höfischen Manieren, seiner wohlklingenden Sprache und seinen hochliterarischen Interessen war einfach zu vornehm. Der bösmäulige Hofklatsch freilich legte diesem vollendeten Rittersmann, der von seinem Naturell her nun einmal kein Haudegen war, seine Haltung als »sträfliche Hoffart« aus, und er konterte leise melancholisch mit seinem Urteil über den Hof: »er leuchte und glühe wie faules Holz«.

Elisabeth ließ sich durch die Hofintrigen nicht beeinflussen. Sie hatte stets ein ausgezeichnetes Gespür für brauchbare Leute bewiesen. Und das einträgliche Südweinmonopol hatte sie Sir Walter Raleigh nicht ohne Gegenleistung verpachtet: Die berühmte »Arc Royal«, das englische Flaggschiff in der Armadaschlacht, hatte eigentlich »Arc Raleigh« geheißen, und Sir Walter hatte es Elisabeth für dieses Unternehmen für einen Spottpreis verkauft.

Alles hätte so weiterlaufen können, wenn der elegante Raleigh nicht die unverzeihliche Dummheit begangen hätte, sich in die blauäugige und rothaarige Tochter des Sir Nicholas Trockmorton zu verlieben, eine der jungen Ehrendamen der Königin. Als Bess Trockmorton ein Kind von

Sir Walter erwartete, wollten die beiden in aller Eile heimlich heiraten. Elisabeth tobte! Ihre sechs bildhübschen jungen Ehrendamen gönnte sie niemandem – auch nicht dem Chef ihrer Leibwache! Das unglückliche Liebespaar wanderte zur Strafe in den Tower. Sie wurden zwar nach einiger Zeit freigelassen, doch Raleigh hatte auf lange Zeit bei der Königin verspielt.

»In den Zauberhänden der Königin war Nebenbuhlerschaft am Hof ein Geheimnis des Ruhms und der Macht gewesen; der hochgespannte Geist der ganzen Zeit hatte sich an den Flammen dieses Kampfes entzündet«, schreibt Lytton Strachey.

Sir Walter Raleigh kletterte in der Gunst Elisabeths die Stufen der Ehrenleiter am Hof allmählich wieder aufwärts, doch solche Mißhelligkeiten waren natürlich eine wunderbare Gelegenheit für einen ganzen Schwarm von Höflingen, die bislang weniger erfolgreich um die Sonne kreisten wie Motten um das Licht: Immerhin war wieder einmal – es passierte selten genug – in der Hierarchie ganz oben ein Platz frei geworden.

Am meisten frohlockte der junge, draufgängerische Robert Devereux, Graf von Essex, obschon er das als augenblicklicher Favorit gar nicht nötig gehabt hätte. Aber er konnte keinen Nebenbuhler dulden, gleichgültig, wer das sein mochte! Vielleicht war das einfach Familientradition, denn auch sein Stiefvater Leicester war unglaublich eifersüchtig auf den Einfluß Raleighs gewesen.

»Der schöne anmutig junge Mann mit seiner freimütigen Art, seiner knabenhaften Leichtigkeit, seiner anbetenden Verehrung, die aus jedem Wort und Blick sprach, mit seiner hohen Gestalt, seinen wundervollen Händen und dem Kastanienhaar seines Hauptes, das er so ritterlich zu beugen wußte, hatte Elisabeth bezaubert. Mit einem Schlag strahlte der neue Stern, stürmisch aufsteigend, allein am Firmament.«

Ein fast vollendeter Ritter

Als das »Juwel« Raleigh aus der »Krone der Königin« fiel, war die Bahn frei für den Grafen Essex, diesen »feurigen Edelmann«, der alles oder nichts wollte. Er hatte dabei nur ein Problem: Er wußte nicht, was er eigentlich wollen sollte.

Robert Devereux, Graf von Essex. Der Höfling mit den größten Chancen und dem geringsten Erfolg

Essex war eine typische Gestalt seiner Epoche: ein ganzer Ritter, der sich glanzvoll im Turnier schlug und sich in der nächsten Minute tiefbetrübt und unverstanden auf seinen Landsitz zurückzog, um in einem Gedichtband Ovids – im Original natürlich – zu blättern, weil seine Königin einen anderen zu bevorzugen schien. Tage später tauchte er ebenso plötzlich wieder bei Hof auf, ganz der galante Höfling, der wenige Stunden danach mit seinen Saufkumpanen in den übelsten Spelunken Londons versumpfte.

Als Elisabeth Charles Blount, Lord Mountjoy, die goldene Schachkönigin aus ihrem eigenen Spiel schenkt, setzt es Schläge.

»Jetzt sehe ich, daß jeder Narr hier eine Auszeichnung erhält!« tobt Essex, worauf ihn Mountjoy zum Duell fordert und Essex eine Wunde am Oberschenkel beibringt.

»Zum Teufel!« fauchte Elisabeth, als ihr die Sache zu Ohren kam, »jemand sollte sich diesen Grafen Essex einmal gründlich vornehmen und ihm bessere Manieren beibringen, sonst ist nicht mehr mit ihm auszukommen!«

Essex und Mountjoy – der sich später als ausgezeichneter Feldherr erwies – bekamen beide Hofverbot, bis die Sache wieder im reinen war. Das hinderte den Draufgänger Essex freilich nicht, sich einige Wochen später mit Raleigh anzulegen und ihn zum Duell zu fordern – aber diesmal griff Elisabeth ein. Sie fand es wunderschön, wenn sich ihre Günstlinge ihretwillen in die Haare kriegten – solange es Spiel war und Wettbewerb. Aber bitte kein Ernst!

Elisabeth kannte ihre Höflinge. Sie ließ ihren Essex, wenn er wieder einmal schmollte, einige Tage schmoren und holte ihn dann mit einem huldvollen Briefgruß oder, wenn das nichts half, mit einer Beförderung an den Hof zurück. Graf Essex avancierte auf diese Weise zum Oberhofstallmeister, erhielt den berühmten Hosenband-Orden, wurde schließlich zum Peer ernannt.

Königin Elisabeth war jetzt 53 Jahre alt; für damalige Verhältnisse ein recht hohes Alter. Natürlich schmeichelte es ihr, noch dazu nach dem Verlust des brillanten Unterhalters und Freundes Leicester, einen über 30 Jahre jüngeren Verehrer zu haben. Außerdem war Essex durch seinen edlen Stammbaum – er war mit den Plantagenets, den Tudors, den Stuarts eng verwandt – ihr »bestes Pferd im Stall«, und schon bald flüsterte man am Hof, »Mylord komme nicht eher in seine vier Wände heim, als bis die Vögel am Morgen singen«. Außerdem besaß Graf Essex alle Eigenschaften – Mut, Kühnheit, Draufgängertum –, um die schmerzlichen Verluste ihrer alten Haudegen, Piraten und Abenteurer in jeder Weise wettzumachen.

Das französische Abenteuer

Als König Philipp II. 1591 überraschend in der Bretagne und der Normandie einfiel, bat König Heinrich IV. von Frankreich Elisabeth dringend um militärische Hilfe. Elisabeth konnte kaum daran gelegen sein, daß die Kanalprovinzen in spanische Hände fielen, und so entschied sie, eine Armee von 3400 Mann zur Unterstützung der französischen Truppen zu entsenden, die Rouen belagerten, das sich bereits in spanischen Händen befand.

König Heinrich IV. schlug vor, sie solle doch den Grafen Essex mit dieser Aufgabe betrauen – aber davon war die Königin alles andere als entzückt: »Ein unbesonnener Jüngling und ein leichtherziger König« – das konnte eigentlich nicht gutgehen! Aber Graf Essex hatte kaum von dem Vorschlag gehört, als er schnurstracks zur Königin eilte, sich auf die Knie warf und sie zwei Stunden lang anflehte, ihm das Kommando zu geben. Als sich schließlich auch der alte Burghley für ihn verwendete, gab Elisabeth nach.

Es war ein herrliches Bild, als der schmucke Graf Essex in prunkvollem Gewand aus orangefarbenem goldbesticktem Samt mit Edelsteinbesatz auf seinem prächtigen Pferd in Compiègne einzog. Sechs Pagen in gleichen Farben ritten voran, zwölf Junker und 60 englische Edelleute folgten. Essex wollte Heinrich IV. persönlich seine Aufwartung machen, und dem französischen König konnte das nur recht sein, denn er hatte mit dem abenteuerlustigen Günstling Elisabeths einiges vor.

Essex genoß die noble Gastfreundschaft, und neben vielen Unterhaltungen gab es auch ein Wettspringen, wobei der junge Essex »weiter sprang als alle anderen«. Solche Bewährungsproben waren nach seinem Geschmack, aber leider hatten sie nicht das geringste mit seinem Auftrag zu tun – nämlich das französische Heer bei der Belagerung von Rouen zu unterstützen. Ihm lag offensichtlich mehr daran, als großer Feldherr gefeiert zu werden, als im Dienste Ihrer Majestät von England Krieg zu führen.

Seine Truppen hatte er fast 200 Kilometer weit entfernt sich selbst überlassen. So vergingen vier Wochen . . .

Elisabeth platzte schier vor Zorn: »Wo er ist, was er tut, was er vorhat, das alles weiß kein Mensch!«

Als er – ohne seine Königin zu informieren – an der Belagerung einer weiteren Stadt teilnahm, die nicht auf dem Programm stand, pfiff ihn die Königin nach England zurück. Essex war verzweifelt, was ihn nicht hinderte, noch geschwind 24 Leute aus seinem Gefolge zu Rittern zu schlagen, die dafür nicht das geringste geleistet hatten.

»Seine Lordschaft hätten gut daran getan, ehe er seine Leute zu Rittern schlug, Armenhäuser für sie zu bauen!« fauchte Elisabeth über diese Titelinflation. Immerhin hatte Drake einst um die ganze Welt segeln müssen und der hochverdiente Hawkins sich nochmals in der Armadaschlacht auszeichnen müssen, ehe sie den Ritterschlag erhielten. Königin Elisabeth war nicht nur für ihre Pennyfuchserei berüchtigt, sondern auch für ihre große Zurückhaltung im Verleihen von Adelstiteln.

»Die beiden Fenster Ihres Privatgemachs werden die Pole meines Himmels sein, den ich nicht verlassen will, solange es Eurer Majestät gefällt, mich in ihm zu sehen. Solange Eure Majestät mir die Worte ›ich liebe Sie‹ nicht verwehrt, haben mein Glück und meine Lust nicht ihresgleichen auf der Welt. Versagen Sie mir aber diese Freiheit, so können Sie dadurch wohl meinem Leben ein Ende setzen, mich aber nicht in meiner Beständigkeit erschüttern.« Mit solchen Briefen bestürmte Essex seine Königin, ihn noch einmal nach Frankreich zu schicken. Endlich wolle er das vollbringen, was er bisher versäumt habe: die Eroberung von Rouen.

Aber was dann kam, war auch nicht besser. Vor den Mauern Rouens schien es dem jungen Helden plötzlich wichtiger, sich mit dem spanischen Gouverneur der Besatzung im Zweikampf zu messen. Und als dieser ausrichten ließ, sein Amt verbiete ihm solche sportliche Ertüchtigung, blieb alles beim alten: die Spanier in Rouen, die Franzosen und Engländer davor.

Als Graf Essex endgültig Frankreich verließ, stand er dekorativ auf dem Heck seines Schiffes, winkte und küßte zum Abschied das Heft seines Schwertes – wie ein Ritter der Artussage . . .

Trotz solcher Dummheiten sah Elisabeth dem Glanzstück ihres Hofes vieles nach – Jugendtorheiten. Und vor allem, was blieb ihr schon übrig: Sie mußte eine zweite Garde aufbauen, koste es, was es wolle!

Der Volksheld

Der König von Spanien war ein schlechter Verlierer. Nach dem Untergang der Armada versuchte er mit aller Macht, in Nordfrankreich einen Brückenkopf gegen England aufzubauen. Das war ungefährlich, solange Philipp nicht die nötigen Schiffe für eine Invasion zur Verfügung standen, denn Englands »Burggraben« ließ sich nicht so einfach überspringen. Doch längst wurde von einer zweiten Armada gemunkelt. Es war an der Zeit, etwas zu unternehmen: Was war da logischer, als Drakes Bravourstück im wichtigsten Stützpunkt von Philipps Flotte, den Überfall auf Cadiz, zu wiederholen?

Am 3. Juni 1596 lief die englische Flotte in Plymouth aus. Doch von Anfang an gab es Schwierigkeiten, denn jeder der drei Führer hatte ande-

Graf Essex in Feldherrn-pose

res im Kopf: Lord-Großadmiral Charles Howard die militärische Notwendigkeit; Sir Walter Raleigh die volle Rehabilitierung seiner Position bei Hof; Graf Essex Ruhm und Heldenpose; und die Mannschaften träumten von Gold und Edelsteinen und den 4700% Gewinn, die einst Sir Francis Drakes Fahrt um die Welt gebracht hatten. Zudem stritten sich die hohen Herren von Anfang an über Befehlsgewalt und Kompetenzen, die Elisabeth wie üblich nicht exakt festgelegt hatte (bei Drake, Hawkins, Frobisher und Greynville war das auch unnötig gewesen).

Als die Flotte am 20. Juni in Cadiz einlief, warf Essex vor Freude seinen Hut in die Luft. Den Kanonendonner der Spanier ließ Sir Walter Raleigh mit Trompetengeschmetter beantworten. Die Schlacht verlief kurz und bündig – wie gehabt, war niemand auf einen Angriff vorbereitet, und die Helden stiegen alsbald mit Leitern über die Stadtmauern.

Die Engländer waren galante Sieger. Keine Spur von den üblichen Greuelszenen mit Vergewaltigungen, Brandschatzung, mutwilliger Zerstörung und allgemeinem Gemetzel, das der Eroberung einer Stadt zu folgen pflegte. Die Stadtväter durften sich für 120000 Dukaten freikaufen, mehr als 100 der reichsten Damen geleiteten Howard und Essex persönlich samt ihren Juwelen und 1500 Priestern, Mönchen und Frauen in Sicherheit.

Dann wurde geplündert. Der Großadmiral und Essex hatten den gemessenen Befehl der Königin, auf ihren Anteil der Beute zu achten. Ein Beamter war eigens dafür mitgefahren – und war der erste, der über die Beute herfiel, und »entgegen dem Befehl der Königin durfte jeder Mann so viel für sich behalten, wie er an sich raffen konnte: Diamanten, Juwelen, Gold, Seide und alles, was glitzerte und ins Auge fiel«. Sogar ein riesiger Diamant, der Elisabeth als persönliches Geschenk zugedacht war, wurde zerschlagen und verschwand.

Was aber die Engländer vollkommen übersahen, war eine Kauffahrerflotte von 36 Schiffen mit einer Ladung im Werte von 12 Millionen Dukaten, die in einem stillen Winkel des Hafens lag. »Unter souveräner Mißachtung der wirtschaftlichen Interessen und mit der ganzen Verachtung des Edelmanns für Handel und Gewerbe« ließ der Herzog von Medina-Sidonia schließlich die gesamte Handelsflotte anzünden und versenken!

Königin Elisabeth war verstimmt über den Ablauf und das Ergebnis des Unternehmens, zumal Graf Essex wieder 60 seiner Freunde zu Rittern geschlagen hatte. Aber das Volk hatte einen neuen, stürmisch umjubelten Volkshelden: Robert Devereux, Graf von Essex.

»Behalten Sie die Kontrolle in militärischen Dingen, aber so, daß jeder äußere Anschein vermieden wird: ein Mann mit militärischem Gefolge ist immer eine ›verdächtige Größe‹. Dämpfen Sie ihren Ruf als populärer Mann, aber nur durch Worte, nie durch Taten. Wird dieser Ruf angewandt, so ist er einer der schönsten Blüten Ihrer gegenwärtigen und künftigen Größe«, hatte Francis Bacon seinem Freund Essex geraten.

Essex gibt viel auf die Meinung, die Ratschläge dieses außerordentlich feinsinnigen klugen, hochgebildeten Rechtsgelehrten, Politikers und Philosophen. Auch Elisabeth ist erfreut über diese Freundschaft ihres Lieblings und hofft, »daß er sich jetzt endlich selber ernst nehme« – vergeblich. Essex schätzt die Ratschläge Bacons zwar, befolgt sie aber selten. Auch seine Bemühungen, Francis Bacon in hohe politische Ämter zu bringen, scheitern am Widerstand des Burghley-Clans, mit dem die Bacons ebenso eng verwandt wie verfeindet waren.

Das Grab des Engländers

Ein venezianischer Gesandter hatte Irland einmal so genannt – durchaus zu Recht! Die Herrschaft Englands über die Grüne Insel, zu deren König sich Heinrich VIII. 1542 ernannt hatte, wollte sich nicht festigen lassen. Die katholischen Iren inszenierten einen Aufstand nach dem anderen. Zur Zeit war es Hugh O'Neill, Graf von Tyrone, der mit seinen Rebellen die Engländer in Atem hielt und den englischen Hauptstützpunkt im Norden, das Fort Blackwater, mit seinen Truppen eingeschlossen hielt. Zu allem Unglück war auch noch der tüchtige Vizekönig Borough gestorben, und der eben ausgehandelte Waffenstillstand mit Tyrone war keinen Pfifferling wert.

Man brauchte schleunigst einen neuen Vizekönig für Irland.

Stunden und Stunden ziehen sich die Beratungen Elisabeths mit ihren engsten Vertrauten schon hin.

»Eines steht fest«, erklärt der Lord-Großadmiral Charles Howard, »der Graf Tyrone hat die Absicht, sich die Krone Irlands auf den Kopf zu setzen – gegebenenfalls mit Hilfe der Spanier!«

Ein halbes Dutzend Leute wird vorgeschlagen. Doch haben sie die nötigen militärischen Fähigkeiten? Das diplomatische Geschick? Das Vertrauen der Soldaten? Zudem hat kaum einer der Genannten so recht Lust, seinen guten Ruf in Irland gegen den Meister des Kleinkriegs, Tyrone, aufs Spiel zu setzen – nur Graf Essex ist offensichtlich auf den Titel eines Vizekönigs von Irland erpicht – und wer weiß, worauf noch . . .

»Ich fürchte, von allen befähigten Männern wird letztlich nur Sir William Knollys übrigbleiben«, meint Königin Elisabeth bedächtig.

Irische Szenen aus dem Buch »The Image of Ireland« von 1581

»Euer Majestät, warum nicht Sir George Carew?« fährt Graf Essex impulsiv dazwischen.

»Ganz gerissen«, denkt die Königin schmunzelnd. Mit diesem Vorschlag braucht Essex sich nicht offen gegen seinen Onkel Knollys zu stellen, und den zuverlässigen Carew aus dem Burghley-Clan würde sie kaum weglassen ... »Nein, ich glaube, Sir William Knollys ist doch der beste für Irland«, stellt Elisabeth fest.

»Majestät, ich schlage noch einmal Carew vor!« brüllt Essex.

»Mäßigen Sie ihre Lautstärke, Mylord! Ich habe gesagt, Sir William geht nach Irland, und dabei bleibt es!«

Essex ist empört, dreht der Königin ostentativ den Rücken.

Diese Ungezogenheit geht zu weit! Elisabeth verabreicht dem flegelhaften Grafen eine schallende Ohrfeige: »Geht zum Teufel!« faucht sie ihn an.

Essex verliert die Selbstbeherrschung: »Das ist ein Schimpf, den ich nicht auf mir sitzenlasse!« tobt er. »Auch nicht von Eures Vaters Hand hätte ich das ertragen!«

Seine Hand fährt an den Schwertgriff.

Mit einem Sprung steht Lord-Großadmiral Charles Howard neben ihm, schlägt ihm den Arm zurück.

Graf Essex dreht wutschnaubend auf dem Absatz um und stürmt aus dem Audienzzimmer. Die Herren schnappen nach Luft, nur die Königin reagiert erstaunlich gelassen.

Graf Essex selbst hatte nicht die leisesten Gewissensbisse – im Gegenteil! Wie üblich zog er sich schmollend aufs Land zurück und war noch erstaunt, daß die Königin nicht nach ihm rief. Aber diesmal hatte er es doch zu weit getrieben. Wenn sich Elisabeth auch über diesen Raufbold amüsierte, der sogar sie mit dem Schwert bedrohen wollte! Doch stimmte sie an diesem Zwischenfall bedenklich, daß Essex offenbar immer noch das große Kind war – und in Irland konnte man keinen ungezogenen Buben als Vizekönig brauchen . . .

Zudem hatte Königin Elisabeth jetzt ganz andere Sorgen: Ihr »Schutzgeist«, der alte Lord Burghley, war am 8. August 1598 an seinem Gichtleiden gestorben, ein Verlust, der sie besonders hart traf. Zehn Tage später kam schon die nächste Katastrophenmeldung aus Irland: Tyrone hatte wieder einmal zugeschlagen, das englische Heer so gut wie vernichtet und ganz Nordirland in Gefahr gebracht – die Aufständischen brauchten bloß noch einzumarschieren.

Graf Essex bietet auf diese Nachricht hin an, unverzüglich nach Irland zu segeln. Aber Elisabeth winkt ab: »Er hat mich lange genug zum besten gehalten, jetzt will ich ihn eine Weile zum besten halten und mich auf meine Hoheit versteifen, wie er auf seinen Trotz.«

In Irland entwickelten sich die Dinge immer schlechter. Richard Bingham, für den sich Elisabeth schließlich entschieden hatte, war unmittelbar nach der Ankunft gestorben. Der fähige Lord Mountjoy war im Gespräch, aber Essex ließ nun auch nicht mehr locker. Vielleicht sollte man dem jugendlichen Helden doch noch einmal eine Chance geben?

Lange Wochen beriet der Staatsrat, dann hatte es Graf Essex geschafft, er wurde Vizekönig von Irland.

»Wohl ist der Hof Mittelpunkt von allem, aber es deucht mich doch

Francis Bacon, Baron von Verulam und Vizegraf von St. Alban. Lord-Kanzler, Philosoph und Schriftsteller, dessen »Essays« weltberühmt wurden. Von manchen als der Verfasser der Shakespeare-Dramen angesehen

besser, ich bin Herr über Heere als über Würdenträger«, schrieb er an Francis Bacon. Eine geistreiche Formulierung, aber zugleich seine Grabrede.

Ein zweifelhafter Frieden

Kaum hat der neue Vizekönig am 27. März 1599 seinen Fuß auf irischen Boden gesetzt, da begann auch schon das große Desaster. Essex verfügte über das größte Heer – 16000 Mann zu Fuß und 1300 Reiter –, das England unter Elisabeth je verlassen hat, um dem Rebellenführer Tyrone die Zähne zu zeigen.

Doch der neue Vizekönig Robert Devereux, Graf von Essex, ließ sich sofort vom irischen Staatsrat beschwatzen, die Hauptoperation gegen Ulster bis in den Juni zu verschieben. Statt dessen wollte er mit ungeplanten Feldzügen gegen Leinster und Munster erst einmal die »Hilfsquellen Tyrones« verstopfen. Natürlich brachten diese Feldzüge nichts ein, lediglich seine Truppen wurden durch schlechtes Wetter, Krankheit und Fahnenflucht dezimiert.

»Ich gebe dem Vizekönig tausend Pfund pro Tag, und er paradiert damit nur im Lande herum!« rief Königin Elisabeth erbost und befahl, unverzüglich gegen Ulster vorzustoßen.

Als Essex Ende Juni erfolglos nach Dublin zurückkehrte, tobte er zunächst einmal über die Beförderung von Robert Cecil, dem Sohn des alten Lord Burghley, zum Lehensgerichtsmarschall – ein Posten, für den er sich selbst beworben hatte (Elisabeth traf solche Entscheidungen immer gern in Abwesenheit ihrer eifersüchtigen Höflinge).

Essex schreibt einen Brief voll heftiger Vorwürfe an seine Königin und bekommt postwendend zu hören: »Eines aber mißfällt mir noch mehr als die ruinösen Kosten, daß ausgerechnet der Königin von England, die ihren mächtigsten Feind siegreich niedergerungen hat, vorbehalten bleiben soll, einen gemeinen Wegelagerer wie Tyrone zum berühmten und edlen Rebellen zu machen.«

Essex ist beleidigt, schwört, er werde diesen Tyrone unverzüglich in »kleine Scheibchen schneiden«, aber zunächst brauche er neue Truppen.

»Wenn Krankheit bei den Truppen der Grund ist, warum wurde nicht gehandelt, als die Truppen noch in besserem Zustand waren«, kanzelt die Königin ihren Vizekönig ab. »Wenn die Nähe des Winters schuld ist, warum wurden die Sommermonate Juli und August versäumt? Der Frühling war Euch zu früh, dann kam der Sommer und wurde anderweitig vertan, dann kam der Herbst und blieb völlig ungenutzt . . .«

Trotzdem schickt Elisabeth noch einmal 2000 Mann. Doch von einem Feldzug gegen Ulster ist nach wie vor nicht die Rede – die Götter wissen warum. Dafür ernennt er seinen Freund Henry Wriothesley, Graf Southhampton, zum Befehlshaber der Reiterei. Das Veto der Königin kommt prompt und nicht allein, weil Southhampton gerade heimlich eine ihrer jungen Ehrendamen geheiratet hatte. Aber Essex weigert sich, die Ernennung rückgängig zu machen. »Ein solcher Schritt bedeutet Schande für ihn, verbreitet Mißmut im Heer, das mich schon mürrisch ansieht, und ermuntert die aufständischen Iren.« Damit ist für ihn der Fall erledigt.

Einstweilen konferiert er insgeheim mit einem Boten Tyrones. Der Rebellenführer warf einen geschickten Köder aus: »Wenn Graf Essex meinen Rat befolgt, werde ich ihn zum größten Mann machen, den Englands Geschichte kennt.«

Desgleichen brauchte man Essex nur anzubieten!

Am 7. September trafen sich die beiden Männer heimlich in einer Furt. Ein köstliches Bild: Mitten im Fluß der kräftige, rothaarige Hugh O'Neill, Graf von Tyrone, auf einem wilden Hengst, dem das Wasser bis zum Bauch reicht, oben auf der Uferböschung der geschniegelte Graf Essex in blinkender Prunkrüstung; so brüllen sich die beiden Männer ihre Bedingungen zu – kein Wunder, daß Elisabeth in kürzester Zeit über jedes Wort informiert war.

Die Abmachungen lauteten denkbar einfach: »Irland den Iren« und darüber hinaus einen befristeten Waffenstillstand, den man ja immer wieder verlängern könne.

Die Schlacht um Ulster war beendet, bevor sie begonnen hatte!

Und um das Maß vollzumachen, schlug Essex auch noch 59 junge Leute zu Rittern. Damals in Frankreich und Cadiz war das noch mit jugendlichem Enthusiasmus zu entschuldigen – hier erhob sich der Verdacht, er suche sich ergebene Anhänger und Gefolgsleute zu schaffen ...

Dann segelte der Graf mit ein paar hundert Mann seiner Leibgarde und seinen Freunden zurück nach England. Die Truppe würde für seine »Sicherheit« ausreichen – notfalls auch zu mehr.

Hochverrat

Königin Elisabeth betrachtet sich im Spiegel. 66 Jahre ist sie alt: fahle Haut, Krähenfüße, Falten ... Kein Wunder! Dieser anmaßende junge Essex wird sie noch ins Grab bringen! Würde er denn nie Verstand annehmen? Nein, so ungeschminkt, ohne Perücke, ohne frisch gestärkte Halskrause und ohne Geschmeide sah sie wirklich alles andere als verführerisch aus. Vermutlich würde sie auch heute vergeblich auf gute Nachrichten aus Irland warten ... Schon bei dem Gedanken an den Feldzug gegen Ulster, zu dem es wohl niemals mehr kommen würde, wurde ihr übel. Sie schloß für einen kurzen Augenblick ihre Habichtsaugen, um nachzudenken ...

Da kracht die Türe ihres Schlafzimmers wie von einem Sturmwind auf, und Graf Essex steht unangemeldet vor ihr – ungewaschen, ungekämmt, in seinen dreckigen Reitstiefeln.

Die Königin ist sprachlos. Hatte sie dem Grafen nicht ausdrücklich befohlen, die vertrackte Insel nicht eher zu verlassen, bis er gegen Tyrone vorgegangen war?

Graf Essex wirft sich auf die Knie und küßt ihr tief ergeben die Hand. Elisabeth zwingt sich mühsam ein Lächeln ab – aber es gerät zur Grimasse. Kannte dieses große Kind immer noch nicht die sprichwörtliche Eitelkeit Ihrer Majestät, die sich nicht einmal vor dem uralten Burghley in diesem Aufzug hätte blicken lassen? Armer Essex!

Am Nachmittag beim offiziellen Empfang war Elisabeth eiskalt und befahl ihm, sich vor dem Staatsrat zu rechtfertigen. Das Ergebnis war ein leichter Gewahrsam unter dem Lord-Siegelbewahrer Egerton.

Eine Weile später wurde Essex wieder freigelassen. Die Lage war prekär, aber nicht aussichtslos. Noch gab es die Wahl zwischen dem Schafott und dem Rückzug ins Privatleben. Seine Landgüter und die Südweinpacht, die Raleigh bei seiner Einkerkerung im Tower verloren hatte, waren eine gute Einnahmequelle.

Doch inzwischen rumorte es in London wie in der schlimmsten Räuberhöhle – Essex wurde die Geister, die er gerufen hatte, nicht mehr los. Die Hitzköpfe, Radaubrüder, Deserteure, Unzufriedenen, Möchtegerne und Habenichtse, die er in Irland aufgehetzt hatte, traten an, die zweifelhafte Ehre ihres Vizekönigs mit dem Messer zu verteidigen.

»Ein Hoch auf die Gesundheit unseres Freiheitskämpfers!« brüllten die gerade zu Rittern geschlagenen Burschen in den Kneipen und stießen auf den Tod aller Feinde des Grafen an. Damit war alles und jeder gemeint, ganz besonders Robert Cecil, der Sohn des alten Burghley, und Sir Walter Raleigh.

Lange verschloß Elisabeth vor diesen Umtrieben die Augen, aber das Geschrei wurde so arg, und die Königin geriet mit ihrer Großmut derart ins Kreuzfeuer der Kritik, daß sie gezwungen wurde, Graf Essex nun doch vor die Sternkammer, seit Heinrich VIII. das Gericht für Hochverrat, zu bringen. Das Ergebnis war eigentlich mild: Essex kam mit einer Verwarnung davon, wurde aller Ämter enthoben und in leichte Haft gesetzt.

»Die Tränen meines Herzens haben alle Funken des Stolzes, der in mir brannte, ausgelöscht«, schrieb er jämmerlich an seine Königin. Und tatsächlich, Elisabeth begnadigte ihn noch einmal – nur an den Hof durfte er nie mehr. Und die einträgliche Südweinpacht wurde auch nicht mehr verlängert, womit seine Haupteinnahmequelle wegfiel.

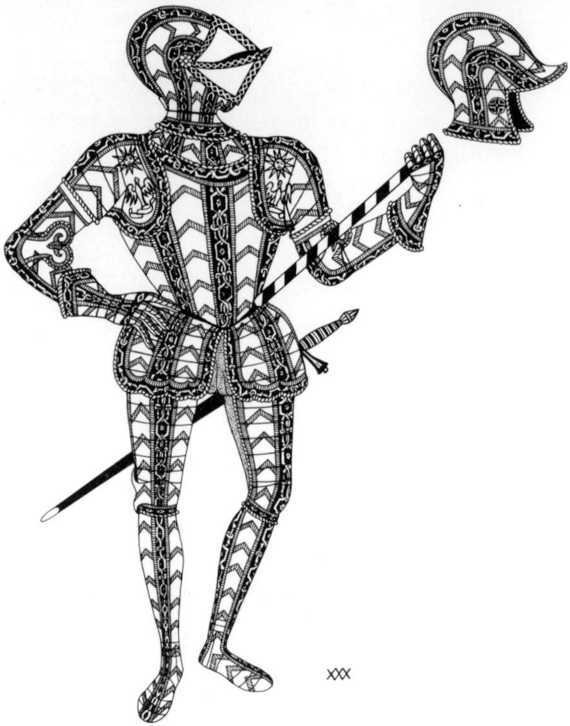

Essex ist über diese »Ungnade« empört. Und so kommt es zu einem Aufstand, der genauso unüberlegt und kopflos war wie alles andere.

Die grölende, brüllende Horde, die sich waffenschwingend nach Whitehall wälzte, sah recht eindrucksvoll und gefährlich aus. Elisabeth mußte mit dem Schlimmsten rechnen. Einer der Rädelsführer gestand später, sie wären bereit gewesen, »selbst das Blut der Königin« zu vergießen.

»Ich sah damals Ihre Majestät«, berichtete der Lord-Großadmiral Charles Howard später, »mit wahrhaft fürstlicher Tapferkeit und unvergleichlicher Seelengröße sich erheben wie eine Gesalbte des Herrn. Sie erbot sich, persönlich dem kühnsten der Verräter auf dem Kampfplatz gegenüberzutreten; dabei verließ sie sich fest auf die Vorstellung des allmächtigen Gottes, der sie bisher noch immer beschützt hatte.«

Doch soweit kam es nicht. Vor den disziplinierten Soldaten des Groß-

Zwei Entwürfe für Harnische aus Musterbüchern der Plattner. Links ein Feldharnisch, rechts ein Harnisch für das Turnier zu Fuß, daneben jeweils Helme zum Auswechseln

admirals zerstob das Ganze wie ein Spuk, wenige Stunden nach dem Ausbruch des Aufstandes saßen alle Verschwörer hinter Schloß und Riegel, auch Essex, der die Waffen gestreckt hatte, als Charles Howard drohte, ihn mit seinem ganzen Haus in die Luft zu sprengen.

Der Prozeß für Essex und seine Mitverschwörer vor den Peers war kurz und endete mit dem Todesurteil.

»Ich habe ihn davor gewarnt, nach meinem Zepter zu greifen«, hatte ihn Königin Elisabeth einst ermahnt. Doch Essex begriff nicht einmal jetzt, daß nur er selbst sich in diese Lage gebracht hatte, und geiferte gegen Elisabeth: »Die Königin ist jetzt ein altes Weib, geistig ebenso verdreht und verkrüppelt wie körperlich.«

Am 25. Februar 1601 fiel Graf Essex im Alter von 33 Jahren durch das Beil des Henkers.

Die einsame Königin

»Wer das Meer beherrscht, beherrscht den Handel; wer den Welthandel beherrscht, beherrscht die Reichtümer der Welt und folglich die Welt selbst«, hatte Sir Walter Raleigh einst gesagt.

Mißmut und Undank

Königin Elisabeth, deren große Gabe es war, »ohne Zwang Gehorsam zu erlangen«, hatte mit Graf Essex eine böse Enttäuschung erlebt. Sie hatte ihm einmalige Chancen gegeben, in seine Zukunft und die seiner Generation hatte sie größte Hoffnungen gesetzt – aber nur Undank und schließlich Hochverrat geerntet. Und jetzt wußte ihr Volk nichts Besseres,

Königin Elisabeth in ihren späten Regierungsjahren

als diesem zweifelhaften Helden die Märtyrerkrone aufzusetzen und ihn in Liedern zu besingen:

»Ihr alle, die ihr klagt und weint,
Kommet jetzt und singt: ›O Gott!‹ mit mir.
Warum? Weil er nicht mehr erscheint,
Der tapfren Ritter höchste Zier.«

»Die vielen schlimmen Anschläge und Komplotte haben Ihrer Majestät alle Heiterkeit genommen. Sie geht ruhelos in ihrem Privatgemach auf und ab, stampft mit dem Fuß, wenn man ihr eine schlechte Nachricht bringt, und wirft gelegentlich ihr altes, rostiges Schwert zornig gegen den Wandteppich«, berichtete ihr Patensohn Sir John Harington im Oktober 1601. Die Hinrichtung hatte sie stark mitgenommen. Einmal waren solch drastische Maßnahmen nicht nach ihrem Geschmack, nach jeder Hinrichtung verkroch sie sich erst einmal für Stunden oder Tage in ihren Privatgemächern. Außerdem standen ihr die Sinnlosigkeit und Leichtfertigkeit deutlich vor Augen – es hätte einfach nicht sein müssen. Warum nur hatte dieser draufgängerische Graf Essex nicht Vernunft angenommen? Elisabeth war zum Skelett abgemagert, sie aß nur etwas Zichoriensuppe und war »traurig und nachdenklich«.

Zeit ihres Lebens hatte die Königin ihre Umwelt mit einer hervorragenden Kondition, einem unerhörten Lebenswillen, einer eisernen Energie und einem fabelhaften Gedächtnis erstaunt, überrascht und gelegentlich verwirrt. Dabei blieb sie keineswegs von Krankheiten verschont: In den zugigen, feuchtkalten Schlössern hatte sie sich schon in ihren Jugendjahren Rheuma geholt, dazu litt sie an Migräne und hatte ein offenes Bein. Aber all das wollte sie nicht zur Kenntnis nehmen, verabscheute die Herren Doktores und ihre Arzneien und griff höchstens einmal zu einem Heilwasser. Aber die Essex-Geschichte hatte sie nun doch arg angeschlagen.

Wofür das alles noch, mag sie sich gefragt haben. Der Sieg über die »unüberwindliche Armada« war längst Geschichte. Die Mühen und Opfer, die er gekostet hatte, waren vergessen. Eine neue Generation hatte das Ruder ergriffen, junge Leute, die im Staatsdienst Karriere machen wollten wie etwa Robert Cecil. Es war die zweite und dritte Generation seit ihrer Thronbesteigung, die sich jetzt auf den Pfründen ihrer wohlhabenden, neureichen Eltern ausruhte.

Vor allem die Gentry – Landadel und Großbürgertum – war inzwischen zu einem Machtfaktor geworden und rief nach einem jungen König, der ihre Interessen verfechten sollte. Da ging es in heftigen Unterhausdebatten etwa um das angeblich so rückständige Monopolwesen, das zur »Verarmung und Versklavung der Untertanen« führe. So verständlich das Reformgeschrei auch war, die Gentry hatte natürlich nur an die mögliche eigene Benachteiligung gedacht; nicht aber daran, daß die Pächter der Monopole – wie einst Essex und Raleigh – dafür Unsummen hinblättern mußten. Die Finanzierung der Handelsflotte, Kauf und Vertrieb der Ware mußten samt allen Risiken die Herren selbst übernehmen, und war etwa die Weinlese schlecht, machten sie kein Geschäft.

Doch Reformwünsche hatten bei Elisabeth stets ein offenes Ohr gefunden, und so schlug sie selbst vor, das Monopolwesen zu überholen, und vergab die Monopole – vom Knopf bis zum Tabak – nur nach gründlicher Prüfung.

Was half es? Selbst drei aufeinanderfolgende Mißernten wurden dazu benutzt, die Königin für die zu heftigen Regenfälle verantwortlich zu machen . . .

Der Weg in die Zukunft

Aller Mäkelei zum Trotz: England war reich! Mit der Gründung der »Ost-Indischen-Kompanie« 1600 begann das Zeitalter der englischen Kolonisation. Bald schon witzelte man, daß ein guter Kaufmann jetzt soviel wert sei wie der reichste Peer des Landes: ganze 100000 Pfund.

Elisabeth hatte ihrem Volk diesen Wohlstand geschaffen, doch sie sah auch die Gefahren und versuchte sozialen Auswüchsen des Bürgertums, das nicht gewohnt war, Verantwortung zu tragen, von Anfang an einen Riegel vorzuschieben: Sie schuf die ersten Lehrlings- und Armengesetze Europas. Aus heutiger Sicht mögen diese Gesetze völlig unzureichend erscheinen, doch damals waren sie ein erster, wichtiger Schritt zu sozialer Gerechtigkeit.

Wenn es in den letzten zwei Regierungsjahren Elisabeths auch keine großen Ereignisse mehr gab, einen Triumph konnte sie doch noch feiern: 1603 gelang es dem neuen Vizekönig von Irland, Lord Mountjoy, den

Parlamentssitzung unter Elisabeth I. Auf den Bänken sitzen die Lords, im Vordergrund stehen die Mitglieder des Unterhauses mit ihrem Sprecher.

Aufstand endgültig niederzuschlagen. Der Erfolg des schwierigen und kostspieligen Unternehmens gab ihr recht. Es war doch möglich, mit diesem vertrackten »Grab des Engländers« fertig zu werden. Das leidige Thema Irland konnte man für eine Weile vergessen.

So blieb nur noch eine Frage offen: ihre Nachfolge. Während ihrer ganzen Regierungszeit hatte sie sich immer wieder mit diesem Thema herumgeschlagen. Entschieden hatte sie sich schließlich für Jakob VI. von Schottland, den Sohn Maria Stuarts – er hatte die unmittelbarsten Ansprüche auf den Thron. Er würde der Garant für den Frieden Englands sein.

Bezeichnend war, daß sie diese Entscheidung allein traf und nicht offen darüber diskutierte. Die Kämpfe um legitime oder illegitime Thronansprüche hatte sie am eigenen Leib erfahren – ihrem Volk und auch Jakob Stuart wollte sie ähnliches ersparen.

Mit seiner Ernennung schuf sie »Großbritannien« – die Vereinigten Königreiche England, Schottland und Irland –, die Basis für das weltweite »britische Empire«.

Am 23. März 1603 fühlte sie ihre Zeit gekommen und verlangte nach dem Erzbischof von Canterbury.

In den Morgenstunden des folgenden Tages starb Königin Elisabeth I. friedlich im Schlaf.

Durch ihren persönlichen Lebensstil, ihre weiträumig orientierte Politik und ihren starken Willen wurde sie zum Symbol für England und die Engländer. Man könnte noch weitergehen: Sie war es, die den Engländern ihr Selbstbewußtsein gab. Seit 500 Jahren hatte das Volk aus einem wirren Haufen von unterdrückten Angelsachsen, einer dünnen Oberschicht Normannen und den harten Querschädeln aus Wales bestanden. Es hatte einer Tudor, einer Waliserin bedurft, die kraft ihrer starken Ausstrahlung und einer überzeugenden Politik ihren Landsleuten zeigte, was in ihnen steckte.

Die Nachwelt erkannte das voll und ganz: »Welcher Friede im Land, als sie noch lebte! Welche Fülle in ihrem Reich! Welcher Glanz an ihrem Hof! Welche Gelehrsamkeit auf ihren Schulen! Welch blühender Handel in ihren Städten! Welcher Reichtum in ihrem Königreich! Welche Weisheit in ihrem Kronrat und welche Anmut in ihrer Regierung!«

Zeittafel

1533 7. September: Geburt Elisabeth Tudors, Tochter König Heinrichs VIII. von England (geb. 1491) aus zweiter Ehe mit Anne Boleyn (geb. 1507).

1534 Suprematsakte. Heinrich VIII. macht sich zum Oberhaupt der Kirche, dadurch Loslösung der englischen Kirche von Rom.
Lord-Kanzler Thomas More (geb. 1478) hingerichtet.

1536 19. Mai: Hinrichtung Anne Boleyns.
Heinrich VIII. heiratet Jane Seymour.

1537 12. Oktober: Geburt Eduard Tudors, dessen Mutter bei der Geburt stirbt.

1542 Heinrich VIII. nimmt Titel eines Königs von Irland an.
8. Dezember: Geburt Maria Stuarts, Tochter Jakobs V. von Schottland und Maria Guises.

1547 28. Januar: Tod Heinrich VIII. Eduard Seymour, ein Onkel, übernimmt die Regierung für den unmündigen Eduard VI., später verdrängt durch den Herzog von Northumberland.
Protestantisches Reformprogramm.

1553 Eduard VI. stirbt.
Nachfolgerin: Maria I. Tudor (geb. 1516), Tochter Heinrichs VIII. aus erster Ehe mit Katharina von Aragon.
Katholische Restauration.

1554 Maria I. heiratet Prinz Philipp von Spanien.
Die Unzufriedenheit des Volkes gegenüber der Rekatholisierung macht sich in zahlreichen Aufständen Luft (Wyatt-Verschwörung). Ziel war der Sturz Marias und die Proklamation Elisabeth Tudors zur Königin.

1555–
1558 Blutige Ketzerverfolgungen, die Maria I. den Namen »Bloody Mary« eintragen.

1556 Abdankung von Kaiser Karl V. von Spanien. Die Nachfolge teilen sich seine Söhne Ferdinand I. (Deutschland) und Philipp II. (Spanien).

1558 Maria Stuart heiratet den Dauphin von Frankreich.
17. November: Tod Marias I. von England.
Elisabeth I. Königin von England.
Unter ihr Blütezeit der englischen Musik (William Byrd, John Bull, Thomas Morley), der Dichtkunst und des Theaters (Edmund Spenser, William Shakespeare).
William Cecil, Lord Burghley, 1. Staatssekretär.

1560 Elisabeth unterstützt die Vertreibung der Franzosen aus Schottland.
27. Februar: Vertrag von Berwick.
5. Dezember: Franz II. von Frankreich stirbt.
Katharina von Medici übernimmt die Regierung für den unmündigen Sohn Karl X.

1562–
1598 Hugenottenkriege in Frankreich.

1564 23. April: William Shakespeare in Stratford-on-Avon geboren.

1565 Maria Stuart heiratet in zweiter Ehe Lord Darnley.

1566 19. Juli: Geburt Jakobs VI.

1567 Ermordung Lord Darnleys.
Maria Stuart heiratet Graf Bothwell und wird durch die schottischen Clans zur Abdankung gezwungen.
Jakob VI. wird schottischer König.

1568–
1648 Freiheitskriege der Niederlande gegen die Vorherrschaft Spaniens.

1569 Der katholische »Aufstand im Norden« Englands durch Elisabeths Truppen niedergeschlagen.

1570 Exkommunikation Elisabeths I. durch Papst Pius V.
Ridolfi-Verschwörung aufgedeckt. Ziel: Mittels einer spanischen Invasion in England mit Unterstützung des Papstes die Rekatholisierung Englands durchzusetzen.

1571 Gründung der Königlichen Börse in London.

1577–
1580 Erste Weltumseglung eines Engländers durch den Piraten Francis Drake aus Plymouth.

1583 Gründung einer eigenen Schauspieltruppe, der »Queen Elisabeth's Men«.

1584 Sir Walter Raleigh gründet mit »Virginia« die erste englische Kolonie in Nordamerika.

1585 Gesetz zum Schutz der Königin durch das Parlament.
England verbündet sich mit den »holländischen Generalstaaten« und schickt militärische Unterstützung.
Bündnis mit Schottland.

1586 Babington-Komplott durch Walsingham aufgedeckt. Maria Stuart liefert durch aktive Beteiligung belastendes Material für den Hochverratsprozeß.
25. Oktober: Maria Stuart zum Tode verurteilt.

1587 8. Februar: Hinrichtung Maria Stuarts in Schloß Fotheringhay.
Drake plündert Cadiz.

1588 Juli: Vernichtung der »unüberwindlichen« Armada unter Lord-Großadmiral Charles Howard und Sir Francis Drake.

1589 Graf Essex als Feldherr in Rouen.

1596 Sir Francis Drake stirbt in der Karibik.

Sir Walter Raleigh auf Entdeckungsfahrt nach Guyana. Bündnis zwischen England, Frankreich und den Niederlanden gegen Spanien.
Spanien nimmt Calais ein.

1598 Reform des Monopolwesens.
Lord Burghley stirbt.
13. September: König Philipp II. von Spanien stirbt.

1599–1600 Graf Essex als Vizekönig in Irland.
Eigenmächtiger Friedensvertrag mit dem irischen Rebellenführer Tyrone.

1600 Gründung der »East India Company«. Beginn der Kolonialzeit.
Putsch unter Führung des Grafen Essex mißlingt.

1601 25. Februar: Essex hingerichtet.

1603 Charles Blount, Lord Mountjoy, schlägt als Vizekönig den irischen Aufstand nieder.
24. März: Elisabeth I. stirbt in Richmond.
Der Sohn Maria Stuarts, Jakob VI. von Schottland, tritt als Jakob I. König von England, Schottland und Irland ihre Nachfolge an.

Folgende Seiten
Das Volk von London:
1. Bürgermeister von London, 2. Pagen des Bürgermeisters, 3. Trabant der Garde, 4. Beefeater, Wächter des Towers, 5. Edelmann, 6. Bettler, 7. Wasserträger, 8. zwei Seeleute, 9. Soldat, 10. Offizier, 11. zwei Advokaten sowie Bürger und Bürgerinnen von London

1
2
3
4
5